UM PRESENTE PARA

DE

DATA

MAX LUCADO

DEUS ESTÁ AQUI

Traduzido por DANIEL FARIA

mundocristão
São Paulo

Os textos de referência bíblica foram extraídos da *Nova Versão Internacional* (NVI), da Biblica, Inc.

Dados Internacionais de Catalogação na Publicação (CIP)
(Câmara Brasileira do Livro, SP, Brasil)

Lucado, Max

Deus está aqui / Max Lucado; traduzido por Daniel Faria. — São Paulo: Mundo Cristão, 2013.

Título original: God Came Near

1. Encarnação 2. Encarnação — Meditações I. Título.

13-02661 CDD-232.1

Índice para catálogo sistemático:
1. Encarnação : Cristologia 232.1
Categoria: Inspiração

Publicado no Brasil com todos os direitos reservados por:
Editora Mundo Cristão
Rua Antônio Carlos Tacconi, 79, São Paulo, SP, Brasil — CEP 04810-020
Telefone: (11) 2127-4147
www.mundocristao.com.br

1ª edição: outubro de 2013
5ª reimpressão: 2014

Para Steve e Cheryl Green.
"Um amigo fiel é um poderoso refúgio,
quem o descobriu descobriu um tesouro."

Eclesiástico 6.14, *Bíblia de Jerusalém*

SUMÁRIO

"Vimos a sua glória..."

"... cheio de graça e de verdade"

Parte II
Nossa imitação

"O discípulo [...] que for bem preparado será como o seu mestre"

Agradecimentos

Esta nova edição me oferece a oportunidade de agradecer às pessoas que me ajudaram a lançar o primeiro livro.

Obrigado mais uma vez a Liz Heaney e equipe Multnomah, não poderiam ser melhores. Jim Woodroof, Rubel Shelley, Richard Rogers e Joan Carrigan (minha irmã), seu incentivo e suas sugestões foram inestimáveis. Carl Cope, o que eu faria sem seu auxílio incansável e sua amizade para todas as horas? Equipe do Rio de Janeiro, amigos queridos! Stanley Shipp, um dos melhores homens da terra. Presbíteros da Highland Church of Christ, aprecio o cuidado pastoral e as orações. E o mais terno obrigado a você, Denalyn; se uma estrela caísse do céu cada vez que eu pensasse em você, o céu estaria vazio.

"Senhor, queremos ver Jesus."
João 12.21

Nós fomos testemunhas oculares da sua majestade.
2Pedro 1.16

Introdução à nova edição

É o resultado de uma interrupção. Deus tocou o ombro coletivo da humanidade. "Com licença", disse ele, e a eternidade interrompeu o tempo, a divindade interrompeu a carnalidade, e o céu interrompeu a terra na forma de um bebê. O cristianismo nasceu de uma imensa interrupção celestial.

Basta perguntar aos pastores de Belém. Sabemos tão pouco sobre esses homens. Qual era o nome deles? Qual era sua idade? Quantos estavam de plantão naquela noite? Não sabemos. Mas disto podemos ter certeza: eles não esperavam grandes emoções. Afinal, cuidavam de ovelhas. "Havia pastores que estavam nos campos próximos e durante a noite tomavam conta dos seus rebanhos" (Lc 2.8). Ora, nós contamos carneirinhos para pegar no sono!

Além disso, é o turno da noite. Quase como ver tinta secar. Pastores assistindo ao sono de ovelhas? Escrever essa frase é mais empolgante que o trabalho em si. O maior desafio: permanecer acordado! Aqueles homens não esperavam emoção.

Não que quisessem se emocionar. Emoção, neste caso, significava algo ruim — lobos, leões, ladrões. Os pastores prezavam o previsível. Cobiçavam a calma. Sua meta específica consistia em poder dizer à esposa: "Não aconteceu nada na noite passada".

Mas não é porque quisessem uma noite calma que iriam ter. E perdoe-me por lembrá-lo: não confie que terá uma vida calma só porque você quer. No instante em que você se acomoda na cadeira confortável da vida, o céu tira o controle remoto de sua mão e troca de canal.

- O escritório de empréstimo diz "não".
- O médico diz "grávida".
- O chefe diz "transferência".
- A nota da prova diz "zero".
- O mecânico diz "perda total".
- O seguro do automóvel traz "vencido".

"Eu formo a luz e crio as trevas, promovo a paz e causo a desgraça; eu, o SENHOR, faço todas essas coisas" (Is 45.7).

E nossa reação inicial é a mesma dos pastores. Medo. "E aconteceu que um anjo do Senhor apareceu-lhes e a glória do Senhor resplandeceu ao redor deles; e ficaram aterrorizados" (Lc 2.9).

A mudança sempre traz medo antes de trazer fé. Sempre presumimos o pior antes de buscarmos pelo melhor. Deus interrompe nossa vida com algo que nunca vimos e, em vez de louvá-lo, entramos em pânico! Interpretamos a presença do problema como a ausência de Deus, e saímos correndo!

Que bom que os pastores permaneceram ali. Do contrário, teriam perdido o versículo seguinte.

"Hoje, na cidade de Davi, lhes nasceu o Salvador, que é Cristo, o Senhor" (v. 11).

Espero que você faça o que os pastores fizeram: permaneça perto da manjedoura. O texto deste livro pretende ajudar você a fazer exatamente isso.

Mais de duas décadas se passaram desde que concluí este projeto. Boa parte dele foi escrita em duas despensas: nossa despensa no Rio de Janeiro, e a despensa de meus sogros, durante uma longa visita no Natal de 1987. Muita coisa mudou desde então. Por um lado, não escrevo mais em despensas. Por outro, minha família passou de duas meninas para três, e elas não são mais meninas, e sim jovens mulheres.

Contudo, apesar de muita coisa ter mudado, o principal permanece o mesmo. A maior notícia ainda é a melhor notícia... Cristo entrou em nosso mundo. Por essa razão, nós podemos entrar no mundo dele.

Que ele use estas palavras para mostrar-lhe como.

Max Lucado

Testemunhas oculares da sua majestade

O cristianismo, em sua forma mais pura, nada mais é que ver Jesus.
O serviço cristão, em sua forma mais pura, nada mais é que imitar quem vemos.
Ver sua majestade e imitá-lo: tal é a essência do cristianismo.

Durante 51 anos Bob Edens foi cego. Não podia ver coisa alguma. Seu mundo era uma sala escura de sons e cheiros. Tateou seu caminho ao longo de cinco décadas de escuridão.

E, de repente, ele pôde ver.

Um cirurgião habilidoso realizou uma operação complicada e, pela primeira vez, Bob Edens pôde enxergar. Achou aquilo estonteante. "Nunca imaginei que o amarelo fosse tão... amarelo", exclamou. "Não tenho palavras. Estou impressionado com o amarelo. Mas minha cor favorita é o vermelho. Rapaz, não consigo acreditar no vermelho.

"Posso ver o formato da lua, e nada me agrada mais que ver um avião a jato voando pelo céu e deixando para trás um rastro de vapor. E é claro, o nascer e o pôr do sol. E à noite eu olho para as estrelas no céu, e aquela luz intermitente. Não fazia ideia de como tudo é maravilhoso."

Ele tem razão. Aqueles de nós que viveram toda a vida podendo ver não sabem como deve ser maravilhoso obter a visão.

Mas Bob Edens não é o único a passar quase uma vida inteira sem ver. Poucas são as pessoas que não sofrem algum tipo de cegueira. Incrível, não? Podemos viver perto de algo a vida toda, mas, a menos que reservemos tempo para focarmos isso, ele não se torna parte de nossa vida. A menos que, de algum modo, nossa cegueira seja removida, nosso mundo não passará de uma caverna escura.

Pense nisso. Não é porque alguém presenciou mil vezes um arco-íris que ele contemplou de fato sua grandeza. É possível viver perto de um jardim sem fixar os olhos no esplendor da flor. Um homem pode passar a vida toda com uma mulher e nunca se deter para enxergar sua alma.

E uma pessoa pode se considerar a bondade em pessoa e, ainda assim, nunca ter visto o Autor da vida.

Sermos honestos, éticos ou mesmo religiosos não significa necessariamente que iremos vê-lo. Não. Talvez vejamos o que outros veem nele. Ou talvez ouçamos o que alguém diz que ele disse. Mas enquanto não o vermos com nossos próprios olhos, enquanto não tivermos nossa própria visão, podemos pensar que o vimos, quando, na realidade, avistamos somente contornos nebulosos na penumbra cinzenta.

Você já o viu?

Já teve um vislumbre de sua majestade? Uma fissura em seu coração abre-se a uma palavra, fazendo você ver brevemente a face dele. Você ouve um versículo lido num tom de voz que nunca ouviu, ou explicado de um jeito no qual jamais refletiu, e mais uma peça do quebra-cabeça se encaixa. Seu espírito sofrido é tocado de um jeito que somente alguém enviado por ele poderia tocar... e lá está ele.

Jesus.

O homem. O galileu que falou com estrondosa autoridade e amou com humildade pueril.

O Deus. Aquele que afirmou ser mais antigo que o tempo e maior que a morte.

A pompa da religião se foi; dissipou-se a névoa da teologia. Levantou-se por um momento a cortina opaca da controvérsia e da opinião. Apagaram-se nossos erros e egoísmo cegos. Lá está ele.

Jesus.

Você o viu?

Os primeiros a vê-lo mais foram os mesmos.

"Senhor meu e Deus meu!", chorou Tomé.

"Eu vi o Senhor!", exclamou Maria Madalena.

"Vimos a sua glória", declarou João.

"Não estava queimando o nosso coração enquanto ele nos falava?", alegraram-se os discípulos de Emaús.

Mas Pedro fez a melhor declaração: "Nós fomos testemunhas oculares da sua majestade".

Sua majestade. O imperador de Judá. A sublime águia da eternidade. O nobre almirante do reino. Todo o esplendor do céu revelado num corpo humano. Por um período brevíssimo, as portas da sala do trono foram abertas e Deus se aproximou. Sua majestade foi contemplada. O céu tocou a terra e, como resultado, a terra pôde conhecer o céu. Num surpreendente paralelo, um corpo humano abrigou a divindade. A santidade e a natureza terrena interligadas.

Esse não é um messias qualquer. Sua história foi extraordinária. Ele chamou a si mesmo de divino, porém permitiu que um soldado raso de Roma lhe infligisse um prego no pulso. Exigiu pureza, contudo defendeu os direitos de uma prostituta arrependida. Convocou homens para marchar, entretanto proibiu-os de o chamarem de Rei. Enviou homens para todo o mundo, mas equipou-os apenas com joelhos dobrados e as lembranças de um carpinteiro ressurreto.

Não podemos considerá-lo apenas um bom mestre. As afirmações dele são ousadas demais para limitá-lo à companhia de Sócrates ou Aristóteles. Tampouco podemos classificá-lo como um dos muitos profetas enviados para revelar verdades eternas. Suas próprias afirmações eliminam essa possibilidade.

Então, quem ele é?

Tentaremos descobrir. Seguiremos as pegadas de suas sandálias. Sentaremos no chão frio e duro da caverna onde ele nasceu. Sentiremos o cheiro da serragem da carpintaria. Ouviremos o arrastar de suas sandálias pelas estradas ásperas da Galileia. Suspiraremos enquanto tocamos as cicatrizes do leproso. Sorriremos quando virmos sua compaixão pela mulher junto ao poço. Estremeceremos quando ouvirmos o sibilar de Satanás. Levantaremos nossa voz junto com os louvores da multidão. Tentaremos vê-lo.

Já se passou um tempo desde que você o viu pela última vez? Se suas orações parecem insípidas, a resposta é provavelmente sim. Se sua fé parece vacilante, talvez a figura dele tenha se obscurecido para você. Se não consegue encontrar energia para encarar seus problemas, talvez seja hora de encará-lo.

Um alerta. Algo acontece à pessoa que testemunha sua majestade. Ela fica dependente. Basta um vislumbre do Rei e você será consumido pelo desejo de ver mais dele e falar mais sobre ele. Esquentar o banco da igreja já não é uma opção. A religião sucateada já não será suficiente. A busca por sensações se torna desnecessária. Uma vez que você viu a face dele, ansiará para sempre vê-la novamente.

Minha oração para este livro — sem desculpas — é que seja usado pelo Cirurgião Divino como um delicado instrumento cirúrgico para restaurar a visão. Que o desfocado seja focado e a escuridão seja dispersa. Que o Cristo emerja da figura sinuosa, como uma miragem no deserto, tornando-se palpável como a face de um melhor amigo. Que prostremos nossa face aos pés perfurados e nos juntemos a Tomé, proclamando: "Senhor meu e Deus meu!". E, acima de tudo, que sussurremos o segredo do universo: "Nós somos testemunhas oculares da sua majestade".

Parte I

Sua encarnação

Aquele que é a Palavra tornou-se carne e viveu entre nós.
Vimos a sua glória, [...] cheio de graça e de verdade.
João 1.14

Capítulo um

A CHEGADA

O ruído e a agitação começaram mais cedo que de costume na cidade. Quando a madrugada começava a dar lugar à alvorada, já havia pessoas nas ruas. Os vendedores ambulantes aprontavam-se nas esquinas das avenidas mais frequentadas. Os lojistas abriam a porta de seus estabelecimentos. As crianças eram despertadas pelo latido inquieto dos cães de rua e pelos relinchos dos jumentos que puxavam carroças.

O proprietário da estalagem havia acordado mais cedo que a maioria da cidade. Afinal, a estalagem estava cheia, as camas todas ocupadas. Cada esteira e cobertor disponível estavam sendo usados. Logo todos os hóspedes despertariam, e havia muito trabalho a fazer.

É de se imaginar a conversa do estalajadeiro com sua família à mesa do café. Será que alguém mencionou a chegada do jovem casal na noite anterior? Alguém perguntou sobre o bem-estar deles? Alguém comentou sobre a moça grávida montada no jumento? Pode ser. Talvez alguém tenha levantado a questão. Mas, na melhor das hipóteses, o assunto passou batido. Não havia nada *tão* diferente neles. Eram, possivelmente, mais uma das várias famílias que passaram a noite na cidade.

Além disso, quem tinha tempo para conversar, com tanta agitação no ar? O imperador Augusto fez um favor à economia de Belém quando decretou o censo obrigatório.

Quem se lembrava de uma ocasião em que houvesse tantas vendas na cidade?

Não, é de duvidar que alguém tenha mencionado a chegada do casal ou mesmo prestado atenção à condição da moça. Estavam todos ocupados demais. A luz da manhã já reluzia. O pão precisava ser preparado. Os afazeres matinais tinham de ser realizados. Havia muito a fazer para ficar imaginando que o impossível tinha ocorrido.

Deus havia entrado no mundo na forma de um bebê.

Contudo, estivesse alguém passando ao acaso pelo estábulo de ovelhas nos arredores de Belém naquela manhã, que cena peculiar teria contemplado.

O mau cheiro do estábulo é o mesmo de todos os estábulos. O fedor agudo de urina, esterco e ovelhas paira no ar. O chão é duro, o feno escasso. Teias de aranha pendem do teto, e um rato corre pela terra.

Não poderia existir um local de nascimento mais modesto.

De um lado, um grupo de pastores. Estão sentados em silêncio no chão; talvez perplexos, talvez espantados, sem dúvida maravilhados. Uma explosão de luz do céu e uma sinfonia de anjos haviam interrompido sua vigília noturna. Deus aparece àqueles que dispõem de tempo para ouvi-lo — por isso, naquela noite sem nuvens, ele apareceu a simples pastores.

Perto da jovem mãe encontra-se o pai cansado. Se existe alguém com sono, é ele. Não consegue se lembrar da última vez em que pôde se sentar. E agora que a agitação diminuiu um pouco, agora que Maria e o bebê estão confortáveis, ele se apoia na parede do estábulo e sente os olhos pesando. Ainda não entendeu tudo. O mistério do ocorrido o deixa intrigado. Mas ele não tem energia para debater as perguntas. O importante é que o bebê está bem, e Maria, a salvo. Quando o sono vem, ele se lembra do nome que o anjo lhe dissera para dar... Jesus. "Vamos chamá-lo de Jesus".

Maria está plenamente desperta. Incrível como ela é jovem! Sua cabeça repousa no couro macio da sela de José. A dor foi eclipsada pelo deslumbre. Olha para o rosto do bebê. Seu filho. Seu Senhor. Sua Majestade. Nesse momento da história, o ser humano que melhor entende quem Deus é e o que ele está fazendo trata-se de uma adolescente num estábulo mal cheiroso. Ela não consegue tirar os olhos dele. De algum modo, Maria sabe que está segurando Deus nos braços. É quem ele é. Ela se lembra das palavras do anjo: "Seu Reino jamais terá fim" (Lc 1.33).

Ele parece tudo, menos um rei. Seu rosto está vermelho, e seu choro, apesar de forte e saudável, ainda é o choro desamparado e agudo de um bebê. E ele é absolutamente dependente dos cuidados dela.

A majestade no meio do mundano. A santidade junto à imundície do esterco e suor das ovelhas. A divindade adentrando o mundo no chão de um estábulo, através do ventre de uma adolescente e na presença de um carpinteiro.

Ela toca a face do Deus-bebê. *Como foi longa a sua viagem!*

Esse bebê contemplara o universo. Os trapos que o mantêm aquecido eram os mantos da eternidade. Sua sala do trono revestida de ouro fora abandonada em favor de um estábulo sujo. E os anjos adoradores foram substituídos por gentis, mas perplexos, pastores.

Enquanto isso, a cidade fervilha. Os mercadores não fazem ideia de que Deus visitava seu planeta. O estalajadeiro jamais acreditaria que havia deixado Deus passar frio. E as pessoas zombariam de alguém que lhes dissesse que o Messias repousava nos braços de uma adolescente nos arredores de sua cidade. Estavam todos ocupados demais para considerar a possibilidade.

Os que perderam a chegada de sua majestade naquela noite não a perderam apenas por causa de ações más ou malícia; não, perderam-na porque simplesmente não estavam olhando. Pouca coisa mudou nos últimos dois mil anos, concorda?

Capítulo dois

"Só um momento..."

Tudo se deu num momento, o momento mais marcante.

Enquanto se desenrolava, aquele momento não parecia diferente de nenhum outro. Se fosse possível pinçá-lo na linha de tempo e examiná-lo, teria a mesma aparência de todos os momentos que se passaram enquanto você lia estas palavras. Veio e se foi. Outros o precederam e sucederam, assim como este. Foi mais um dos incontáveis momentos que marcaram o tempo desde que a eternidade se tornou mensurável.

Mas, na realidade, aquele momento não se compara a nenhum outro. Pois nesse segmento de tempo uma coisa espetacular aconteceu. Deus se fez homem. Enquanto as criaturas da terra seguiam a vida, sem perceber, a divindade chegou. O próprio céu se abriu e colocou seu mais precioso ente em um ventre humano.

O onipotente, num instante, se fez frágil. Ele, que havia sido espírito, tornou-se traspassável. Ele, que era maior que o universo, tornou-se embrião. E ele, que sustenta o mundo com uma palavra, escolheu depender de uma jovem para alimentá-lo.

Deus como um feto. A santidade dormindo em um útero. O criador da vida sendo gerado.

Deus ganhou sobrancelhas, cotovelos, dois rins e um baço. Ele esticava os membros em formação e flutuava no líquido amniótico da mãe.

Deus havia se aproximado.

Ele veio — não como um raio de luz ou como um conquistador inacessível — mas como alguém cujos primeiros choros foram ouvidos por uma camponesa e um carpinteiro sonolento. As mãos que o seguraram pela primeira vez eram descuidadas, calejadas e sujas.

Nenhuma seda. Nenhum marfim. Nenhuma publicidade. Nenhuma festa. Nenhum estardalhaço.

Não fosse pelos pastores, não haveria recepção nenhuma. E não fosse um grupo de contempladores de estrelas, não haveria presente nenhum.

Anjos assistiam a Maria trocar as fraldas de Deus. O universo observava admirado o Todo-poderoso aprendendo a andar. As crianças brincavam na rua com ele. Ah, se o líder da sinagoga em Nazaré soubesse quem estava ouvindo seus sermões...

Jesus possivelmente teve espinhas. Talvez não tivesse talento para música. Uma garota da rua podia ter uma quedinha por ele, ou vice-versa. Pode ser que seus joelhos fossem ossudos. Uma coisa é certa: ele era, embora completamente divino, completamente humano.

Durante 33 anos ele sentiria todas as coisas que você e eu sentimos. Sentia-se fraco. Ficava cansado. Tinha medo de falhar. Era suscetível a recrutar mulheres. Resfriava-se, arrotava e tinha odor corporal. Seus pés se cansavam, e sua cabeça doía.

Pensar em Jesus sob essa ótica é... Bem, parece quase irreverente, não? É muito mais fácil manter a humanidade longe da encarnação. Limpe o estrume em torno do estábulo. Enxugue o suor dos olhos. Finja que ele nunca roncou, assoou o nariz nem acertou o dedo com o martelo.

É mais fácil digeri-lo assim. Existe algo em mantê-lo divino que o conserva distante, acondicionado, previsível.

Mas não faça isso. Pelo amor de Deus, não. Deixe-o ser tão humano quanto ele pretendia ser. Deixe-o entrar na lama e sujeira de nosso mundo. Pois somente se o deixarmos entrar é que nós poderemos sair.

Ouça o que ele diz.

"Ame o seu próximo" foi dito por um homem cujos próximos tentavam matá-lo (Mc 12.31).

O desafio de deixar a família para anunciar o evangelho foi pronunciado por aquele que deu o beijo de despedida em sua mãe na porta de casa (Mc 10.29).

"Amem os seus inimigos" saiu da boca que em breve estaria suplicando a Deus o perdão de seus assassinos (Mt 5.44).

"Eu estarei sempre com vocês" são as palavras de um Deus que, num instante, fez o impossível para que tudo fosse possível a você e a mim (Mt 28.20).

Tudo se deu num momento. Num momento... o mais marcante. A Palavra se fez carne.

Haverá outro. O mundo verá outra transformação instantânea. Veja, quando se tornou homem, Deus possibilitou que o homem visse Deus. Quando Jesus foi para casa, ele deixou a porta aberta. Como resultado, "todos seremos transformados, num momento, num abrir e fechar de olhos" (1Co 15.51-52).

O primeiro momento da transformação passou despercebido pelo mundo. Mas pode apostar que o segundo não passará. Da próxima vez que usar a frase "Só um momento...", lembre-se de que não será preciso mais que isso para mudar o mundo.

Capítulo três

O ABSURDO EM CARNE E OSSO

— Você está me dizendo que Deus se tornou um bebê...

O sujeito fazendo as perguntas estava desconfiado. Arqueava as sobrancelhas grossas, duvidoso, e cerrava os olhos, cauteloso. Embora houvesse lugar para sentar-se, optou por ficar em pé. Preferia assim, a salvo detrás da multidão, incerto, porém intrigado pelo que estava ouvindo. No decorrer da palestra, ouvira atentamente, descruzando os braços vez ou outra para coçar a barba. Agora, contudo, está em pé, golpeando o ar com o dedo enquanto faz suas interpelações.

— ... e que ele nasceu num estábulo de ovelhas?

Parecia que tinha descido das montanhas daquela região do Colorado: gorro na cabeça, colete, calças de náilon, botas de caminhada. E soava como alguém que honestamente não sabia se a história que estava ouvindo era uma lenda das montanhas ou a verdade do evangelho.

— Sim, é isso que estou dizendo — respondeu o palestrante.

— E então, depois de se tornar um bebê, ele foi criado numa casa de gente comum? Nunca escreveu livros nem tinha cargos, mas chamou a si mesmo de Filho de Deus?

— Isso mesmo.

O palestrante questionado era Landon Saunders, a voz do programa radiofônico *Heartbeat*. Nunca ouvi alguém contar a história do Nazareno como Landon.

— Ele nunca viajou para o exterior, nunca estudou numa universidade, nunca viveu num palácio, e ainda assim se considerava o criador do universo?

— Correto.

Fiquei um pouco irritado com o diálogo. Havia acabado de me formar, entusiasmo puro, cheio de dedicação. Como auxiliar voluntário na série de palestras, cheguei ali com versículos memorizados e respostas carregadas na ponta do meu revólver evangelístico. Contudo, vim preparado para defender um estilo de vida, não um Salvador. Estava pronto para discutir moralidade, doutrina, céu e inferno. Não estava pronto para discutir um homem. Jesus sempre havia sido alguém que aceitei e pronto. Essas perguntas eram agressivas demais para minha fé virginal.

— E essa história de crucificação... ele foi traído por seu próprio povo? Nenhum dos seguidores apareceu para defendê-lo? E depois ele foi executado como um ladrão qualquer?

— Exatamente isso.

A autenticidade do questionador não permitia que o considerássemos um cínico nem que o descartássemos como alguém querendo se exibir. Pelo contrário, ele parecia nervoso por chamar tanta atenção. Sua falta de jeito denunciava sua inexperiência nessa coisa de falar em público. Mas seu desejo de saber era um grama ou dois mais pesado que seu desconforto, de modo que prosseguiu.

— E depois da morte ele foi enterrado num túmulo emprestado?

— Sim, ele não tinha um túmulo que lhe pertencesse, nem dinheiro para comprar um.

A honestidade do diálogo mantinha a plateia enfeitiçada. Percebi que estava presenciando uma daquelas raras ocasiões em que duas pessoas estão dispostas a questionar o sagrado.

Ali estavam dois homens nos lados opostos de um abismo profundo, um perguntando ao outro se a ponte estendida diante deles podia ser realmente confiável.

Havia um traço de emoção na voz do estudante quando ele formulou com cautela a pergunta seguinte:

— E, de acordo com o que está escrito, após três dias na tumba ele ressuscitou e apareceu a mais de quinhentas pessoas?

— Sim.

— E tudo isso para provar que Deus ainda ama seu povo e oferece um caminho para que retornemos a ele?

— Exato.

Eu sabia qual pergunta viria na sequência. Todos na sala sabiam. Não precisava sequer ser perguntada. No fundo do meu coração, eu estava esperando que não fosse.

— Isso não soa completamente... — ele se deteve por um segundo, em busca do adjetivo correto. — Isso não soa completamente absurdo?

Todas as cabeças se voltaram em perfeita sincronia na direção de Landon. Todas as cabeças, isto é, com exceção da minha. Minha cabeça estava girando quando fui forçado a olhar para Jesus de um novo ângulo. O cristianismo... absurdo? Jesus numa cruz... absurdo? A encarnação... absurda? A ressurreição... absurda? Meu Jesus da escola dominical havia sido derrubado do flanelógrafo.

A resposta de Landon foi simples:

— Sim. Sim, imagino que parece absurdo, não é?

Não gostei dessa resposta. Não gostei nem um pouco. Diga ao sujeito como tudo faz sentido! Monte o diagrama das dispensações. Apresente as profecias que se cumpriram. Explique o cumprimento da lei do Antigo Testamento. A aliança. A reconciliação. A redenção. É claro que faz sentido. Não o deixe descrever as ações de Deus como absurdas!

Então comecei a entender: *o que* Deus fez faz sentido. Faz sentido que Jesus fosse nosso sacrifício, porque isso era necessário para justificar a presença do homem perante Deus. Faz sentido que Deus usasse a lei do Antigo Testamento para orientar Israel em sua necessidade da graça. Faz sentido que Jesus fosse nosso Sumo Sacerdote. *O que* Deus fez faz sentido. Pode ser ensinado, ilustrado e inserido em livros de teologia sistemática.

Contudo, *por que* Deus fez é algo completamente absurdo. Quando deixamos o método de lado e examinamos o motivo, os blocos de lógica cuidadosamente empilhados começam a tombar. Esse tipo de amor não é lógico; não pode ser delineado de forma ordenada num sermão nem explicado numa monografia.

Pense nisto. Durante milhares de anos, usando sua esperteza e charme, o homem tentou ser amigo de Deus. E durante milhares de anos ele mais desapontou a Deus do que o alegrou. Fez exatamente aquilo que prometeu nunca fazer. Um fiasco. Mesmo os mais santos dos heróis por vezes se esqueciam de que lado estavam. Alguns dos relatos da Bíblia se parecem mais com as aventuras de Simbad, o Marujo, que com histórias da escola bíblica de férias. Lembra-se destes personagens?

Arão. O braço direito de Moisés. Testemunha das pragas. Membro da "Expedição do Mar Vermelho". Sacerdote santo de Deus. Mas se era tão santo, o que está fazendo ali, junto à fogueira, liderando os israelitas num culto ao bezerro de ouro?

Os filhos de Jacó. Os patriarcas das tribos de Israel. Os bisnetos de Abraão. Contudo, se são tão especiais, por que estão amordaçando seu irmão mais novo e o mandando para o Egito?

Davi. O homem segundo o coração de Deus. O rei dos reis. O grande guerreiro e compositor. Ele é também o cara cujos óculos ficaram embaçados por conta de um banho no telhado. Infelizmente, a água não lhe pertencia, nem a mulher a quem estava observando.

E Sansão. Desmaiado no sofá de Dalila, embriagado com vinho, perfume e luzes suaves. Ele está pensando: "Ela vai vestir algo mais confortável". Ela está pensando: "Tenho certeza de que coloquei aquelas tesouras em algum lugar".

Adão adornado com folhas de figueira e manchas do fruto proibido. Moisés batendo a vara e tendo um acesso de raiva. O rei Saul olhando para uma bola de cristal a fim de conhecer a vontade de Deus. Noé, bêbado e nu em sua própria tenda.

Estes são os escolhidos de Deus? Esta é a linhagem real do Rei? Estes são aqueles que deveriam executar a missão divina?

É fácil ver o absurdo.

Por que ele não desistiu? Por que não deixou o globo sair dos eixos?

Mesmo após gerações de seu povo lhe terem cuspido no rosto, ele ainda o amava. Após uma nação de escolhidos lhe ter tirado a roupa e perfurado o corpo encarnado, ele ainda morreu por eles. E mesmo hoje, após bilhões terem escolhido prostituir-se diante dos cafetões do poder, da fama e da riqueza, ele ainda os espera.

É inexplicável. Não tem um pingo de lógica nem um traço de racionalidade.

No entanto, é essa própria irracionalidade que concede ao evangelho sua maior defesa. Pois somente Deus poderia amar assim.

Não sei o que aconteceu àquele camarada questionador no Colorado. Desapareceu tão depressa quanto apareceu. Mas estou em dívida para com ele. Ele me forçou a ver Jesus como eu nunca o havia visto.

À primeira vista eu não o reconheci. Acho que estava esperando alguém numa túnica reluzente com mãos brancas como seda. Mas era ele. O leão. O Leão de Judá. Ele saiu do meio das árvores densas da teologia e dos rituais e deitou-se numa pequena clareira. Em sua pata havia uma ferida, e em sua juba manchas de sangue. Mas havia nele tal realeza que silenciava até mesmo a brisa nas árvores.

Realeza manchada de sangue. Um Deus que chora. Um criador com coração. Deus se tornou chacota na terra para salvar seus filhos.

Que absurdo pensar que tamanha nobreza chegaria a tamanha pobreza para partilhar tamanho tesouro com almas tão ingratas.

Contudo, ele o fez.

De fato, a única coisa mais absurda que essa dádiva é nossa teimosa má vontade de recebê-la.

Capítulo quatro

A oração de Maria

Deus. Ó Deus-infante. Preciosíssima criança celestial. Concebido pela união da graça divina com a nossa desgraça. Dorme bem.

Dorme bem. Deleita-te no frescor desta noite reluzente de diamantes. Dorme bem, pois o calor da fúria fervilha a teu redor. Desfruta do silêncio do berço, pois no futuro ressoará o ruído da confusão. Saboreia a doce segurança de meus braços, pois logo chegará o dia em que eu não poderei proteger-te.

Descansem bem, mãos pequeninas. Pois, embora pertençam a um rei, não tocarão o cetim, e o ouro não possuirão. Não pegarão a pena, não guiarão o pincel. Não, suas mãos frágeis estão reservadas para obras mais preciosas:

- Tocar a ferida aberta do leproso,
- Enxugar a lágrima da viúva exausta,
- Arranhar o chão do Getsêmani.

Suas mãos, tão pequenas, tão ternas, tão brancas — ligadas esta noite a um punho de bebê. Não estão destinadas a segurar um cetro nem acenar de cima da sacada de um palácio. Estão reservadas, sim, para o cravo romano que as pregará a uma cruz romana.

Durmam profundamente, olhos pequeninos. Durmam enquanto podem. Pois logo chegará a claridade e vocês verão a bagunça que fizemos de seu mundo. Verão:

- Nossa nudez, pois não podemos esconder-nos.
- Nosso egoísmo, pois não podemos doar.
- Nossa dor, pois não podemos curar.

Ó olhos que verão o abismo sombrio do inferno e testemunharão seu horrendo príncipe... Durmam, por favor, durmam; durmam enquanto podem.

Descanse, boca pequenina. Descanse, boca pela qual a eternidade falará.

Língua pequenina.

- Que em breve invocará os mortos,
- Que definirá a graça,
- Que silenciará nossa insensatez.

Lábios róseos — sobre os quais paira um beijo estelar de perdão para aqueles que crerem em ti, e de morte para aqueles que te negarem — sosseguem.

Pés pequeninos que cabem na palma de minha mão, descansem. Pois muitos passos difíceis esperam por vocês.

- Sentem o cheiro da poeira das estradas pelas quais viajarão?
- Sentem a água fria do mar sobre a qual andarão?
- Remexem-se ante à invasão dos cravos que suportarão?
- Temem a descida íngreme pela escada em espiral até o domínio de Satanás?

Descansem, pés pequeninos. Descansem hoje para que amanhã possam caminhar poderosamente. Descansem. Pois milhões seguirão seus passos.

E você, pequeno coração... santo... bombeando o sangue da vida através do universo: quantas vezes iremos parti-lo?

- Será dilacerado pelos espinhos de nossas acusações.
- Será assolado pelo câncer de nosso pecado.
- Será esmagado pelo peso de sua própria tristeza.
- E será perfurado pela lança de nossa rejeição.

Contudo, quando te perfurarem, quando teus músculos e membranas se romperem, quando jorrares sangue e água, tu encontrarás descanso. Tuas mãos serão libertas, teus olhos verão a justiça, teus lábios sorrirão, e teus pés o levarão para casa.

E ali, tu descansarás novamente — desta vez, nos braços de teu Pai.

Capítulo cinco

Escalar galhos ou sentar-se nos ramos

José estava firmemente sentado em seu ramo na árvore. Era um ramo grosso, confiável e perfeito como assento. Era tão forte que não tremia quando irrompiam as tempestades, nem sacudia quando sopravam os ventos. Não, esse ramo era previsível e sólido, e José não tinha intenção alguma de sair dali.

Isto é, até lhe mandarem subir num galho.

Estando ali, sentado a salvo em seu ramo, olhou para o galho que Deus desejava que ele escalasse. Nunca vira um galho tão fino! "Isso não é lugar para um homem ir", disse a si mesmo. "Não tem lugar para sentar. Não tem proteção contra o mau tempo. E como é que alguém dorme pendurado num graveto tremulante desse?" Recuou um pouco, apoiou-se no tronco, e analisou a situação.

O senso comum lhe dizia para não subir no galho. "Concebido pelo Espírito Santo? Ora, faça-me um favor!"

A autodefesa lhe dizia para ficar ali. "Quem vai acreditar em mim? O que nossas famílias vão pensar?"

A conveniência lhe dizia para não sair do lugar. "Logo agora que eu esperava acertar as coisas e criar uma família."

O orgulho lhe dizia para ignorar o chamado. "Se ela pensa que vou acreditar numa lorota dessa...".

Mas Deus lhe dissera para subir. E é isso que o incomodava.

Isso o incomodava porque ele estava feliz naquele lugar. A vida junto ao tronco era boa. Seu ramo era grande o suficiente para lhe proporcionar um assento confortável. Estava perto de vários outros sentadores de ramos e havia feito algumas contribuições válidas para a comunidade da árvore. Afinal de contas, não fazia visitas regulares aos doentes no Centro Médico do Ramo Norte? E não era ele o melhor tenor do Coral dos Cantores Arborizados? E o que dizer da aula que lecionava sobre herança religiosa, com o apropriado título "Nossa Árvore Genealógica"? Certamente Deus não queria que ele saísse dali. Ele tinha... Bem, podia-se dizer que ele tinha criado raízes naquele lugar.

Além disso, ele conhecia o tipo de gente que escalava galhos. Radicais. Extremistas. Liberais. Gente sempre exagerada. Sempre agitando as folhas. Sujeitos com a cabeça cheia de ideias estranhas, à procura de frutos esquisitos. Ora, os homens estáveis são aqueles que sabem ficar perto de casa e deixar essas coisas pra lá.

Tenho a impressão de que alguns de vocês se identificam com José. Sabem como ele se sente, não é? Vocês já estiveram ali. Estão sorrindo porque também já foram chamados a escalar um galho vez ou outra. Conhecem o desequilíbrio resultante dessa coisa de ter um pé na sua vontade e outro na vontade dele. Vocês também já cravaram as unhas no tronco da árvore para se segurarem melhor. Sabem bem a sensação de ter o estômago se revirando quando percebem mudanças no ar.

Talvez haja mudanças no ar neste exato momento. Talvez você esteja no meio de uma decisão. É perturbador, não é? Você gosta do seu ramo. Acostumou-se com ele, e ele com você. E, tal como José, você tem sido um ótimo sentador de ramos.

E é então que você ouve o chamado. "Preciso que você escale um galho e...

... *tome uma posição*. Um pessoal das igrejas locais está organizando uma campanha contra a pornografia. Eles precisam de voluntários".

... *mude-se*. Pegue sua família e vá para outro continente; tenho um trabalho especial para você".

... *perdoe*. Não importa quem feriu primeiro. O que importa é que você vá lá e construa a ponte".

... *evangelize*. Sabe aquela nova família no quarteirão? Não conhece ninguém na cidade. Vá lá conversar com ela".

... *sacrifique*. O orfanato tem uma dívida a vencer este mês. Não tem como pagá-la. Sabe aquele bônus que você recebeu semana passada?".

Seja qual for a natureza do chamado, as consequências são as mesmas: guerra civil. Ainda que seu coração diga sim, seus pés dizem não. Desculpas irrompem como folhas douradas no vento de outono. "Não tenho talento para isso." "É hora de outra pessoa assumir essa responsabilidade." "Agora não. Farei isso amanhã."

Mas, no final, você acaba contemplando uma árvore desnuda e a difícil escolha: a vontade dele ou a minha?

José escolheu a dele. No fim das contas, era a única opção. José sabia que a única coisa pior que uma aventura rumo ao desconhecido era a ideia de dizer não a seu Mestre. Assim, resoluto, ele agarrou o galho menor. Com lábios cerrados e um brilho determinado nos olhos, pôs uma mão na frente da outra até ficar pendurado no ar, a fé em Deus sendo sua rede de segurança.

Como se descobriria, os temores de José eram justificados. A vida já não seria confortável como antes. O galho que agarrou era, de fato, pequeno: O Messias nasceria de Maria e seria criado em sua casa. Durante nove meses, controlou os impulsos para que o bebê pudesse nascer de uma virgem. Teve de afastar as ovelhas e limpar a sujeira das vacas para que sua esposa tivesse um lugar para dar à luz. Tornou-se fugitivo da lei. Passou dois anos tentando entender a língua egípcia.

Por vezes aquele galho deve ter balançado furiosamente ao romper do vento. José, porém, apenas fechava os olhos e segurava firme. Mas pode estar certo de uma coisa: ele nunca se arrependeu. Doce foi a recompensa por sua coragem. Uma olhada no rosto daquele bebê celestial e num piscar de olhos ele sabia que faria tudo de novo.

Você já foi chamado por Deus a subir num galho? Pode apostar que não será fácil. Escalar galhos nunca foi fácil. Pergunte a José. Ou, melhor ainda, pergunte a Jesus.

Ele conhece melhor que ninguém o preço de ser pendurado numa árvore.

Capítulo seis

25 PERGUNTAS PARA MARIA

Como era observá-lo orando?

Como ele reagia ao ver outras crianças dando risadinhas durante o culto na sinagoga?

Ele alguma vez mencionou o dilúvio ao contemplar um arco-íris?

Você se sentia estranha ensinando-lhe como ele mesmo havia criado o mundo?

Quando via um cordeiro sendo levado para o sacrifício, ele agia de forma diferente?

Você alguma vez o surpreendeu com um olhar distante no rosto, como se estivesse ouvindo alguém que você não conseguia ouvir?

Como ele se comportava em funerais?

Alguma vez passou por sua cabeça que o Deus a quem você orava estava dormindo debaixo de seu teto?

Você tentou contar as estrelas com ele... e conseguiu?

Alguma vez ele voltou para casa com o olho roxo?

Como ele reagiu quando cortou o cabelo pela primeira vez?

Ele tinha algum amigo chamado Judas?

Ele ia bem na escola?

Você chegou a chamar-lhe a atenção?

Em alguma ocasião ele lhe fez perguntas sobre as Escrituras?

A seu ver, o que ele pensava quando via uma prostituta vendendo ao maior comprador o corpo que ele havia criado?

Alguma vez ficou irritado quando alguém foi desonesto com ele?

Você chegou a vê-lo contemplando pensativo a carne de seu próprio braço enquanto segurava um torrão de terra?

Ele despertou assustado algum dia?

Quem era o melhor amigo dele?

Quando alguém fazia menção a Satanás, como ele reagia?

Em alguma ocasião você o chamou acidentalmente de Pai?

Sobre o que ele e seu primo João conversavam quando crianças?

Os irmãos e irmãs dele entendiam o que estava acontecendo?

Alguma vez você pensou: "Aquele ali comendo minha sopa é Deus"?

Capítulo sete

NOITE DE NATAL

É noite de Natal. A casa está silenciosa. Até o crepitar da lareira se dissipou. As brasas quentes brilham como farol na sala escura. Meias vazias estão penduradas na verga da chaminé. No canto, a árvore desnuda. Cartões de Natal, lantejoulas e lembranças recordam o Dia de Natal para a noite de Natal.

É noite de Natal. Que dia! Chá de especiarias. Papai Noel. Calda de uva. "Muito obrigado." "Ah, não precisava!" "É a vovó ao telefone!" Papel de presente até o joelho. "É perfeito!" *Flashes* fotográficos.

É noite de Natal. As meninas estão na cama. Jenna sonha com seu pássaro falante e fica agarrada a sua bolsa nova. Andrea dorme com seu pijama novo de Papai Noel.

É noite de Natal. A árvore que ontem mesmo crescia de um solo feito de presentes, volta a brotar de seu suporte artificial. Agora os presentes são posses. O papel de embrulho foi ajuntado e jogado na lixeira. Os pratos estão lavados, e as sobras de peru aguardam os sanduíches da próxima semana.

É noite de Natal. O último cantor apareceu no noticiário das dez. A última torta de maçã foi comida por meu cunhado. E o último álbum de Natal foi guardado depois de ter executado rigorosamente sua *performance* anual a respeito de castanhas, neve e renas de nariz vermelho.

É noite de Natal.

A meia-noite já soou, e eu deveria estar com sono, mas estou desperto. Fico acordado por causa de um pensamento atordoante. O mundo estava diferente esta semana. Foi temporariamente transformado.

O pó mágico do Natal reluziu na face da humanidade ainda que brevemente, lembrando-nos do que vale a pena possuir e de quem deveríamos ser. Esquecemos nossa compulsão por vencer, seduzir e guerrear. Pusemos de lado nossas escadas e livros, guardamos nossos relógios e armas. Saímos de nossas pistas de corrida e montanhas-russas e olhamos para a estrela de Belém.

É o momento de se alegrar, porque, mais que em qualquer outra ocasião, nós pensamos nele. Mais que em qualquer outra época, seu nome está em nossos lábios.

E o resultado? Durante algumas preciosas horas nossos anseios celestiais se unem e nos tornamos um coro. Um coro misto de estivadores, advogados, imigrantes ilegais, donas de casa, e milhares de pessoas singulares, confiando que o mistério de Belém é, na realidade, uma realidade. "Vinde e contemplai-o!", cantamos, despertando até o mais sonolento dos pastores e apontando-lhes para o bebê Cristo.

Durante algumas preciosas horas ele é contemplado. Cristo, o Senhor. Aqueles que passam o ano sem vê-lo, de repente, encontram-no. Pessoas que se acostumaram a usar seu nome em vão, param para proferi-lo em louvor. Olhos, agora livres dos tampões do ego, maravilham-se com sua majestade.

De repente ele está em toda parte.

No sorriso do policial dirigindo o furgão cheio de presentes para o orfanato.

No olhar brilhante do garçom asiático contando de sua iminente viagem de Natal para rever os filhos.

Na emoção do pai tão grato por concluir a oração à mesa do jantar.

Nas lágrimas da mãe que acolhe o filho vindo de outro continente.

No coração do homem que passou a manhã de Natal com os sem-teto, distribuindo sanduíches frios e abraços calorosos.

E no silêncio solene da multidão de compradores no *shopping* enquanto o coral da escola fundamental canta "Noite de paz".

Emanuel. Ele está conosco. Deus está aqui.

É noite de Natal. Em poucas horas começará a limpeza — as luzes serão apagadas, e as árvores jogadas fora. O vestido 36 será trocado pelo 40, e os preços cairão pela metade. Logo a vida voltará ao normal. A generosidade de dezembro se transformará nas contas de janeiro, e a mágica começará a desaparecer.

Mas, neste momento, a magia ainda paira no ar. Talvez seja por isso que continuo acordado. Quero saborear um pouco mais do espírito de Natal. Quero orar para que os que o contemplaram hoje olhem para ele no próximo mês de agosto. E não consigo deixar de pensar nesta fantasia: se ele pode fazer tanta coisa com orações tão tímidas oferecidas tão sem jeito em dezembro, quanto mais poderia fazer se pensássemos nele todos os dias?

Capítulo oito

Adeus à carpintaria

As dobradiças da pesada porta rangeram quando ele a abriu. Com alguns passos, atravessou a carpintaria silenciosa e abriu as persianas de madeira para que um feixe de luz solar penetrasse a escuridão, desenhando um quadrado iluminado no chão empoeirado.

Olhou em torno da carpintaria. Deteve-se por um momento no refúgio do pequeno recinto que abrigava tantas lembranças doces. Equilibrou o martelo em sua mão. Passou os dedos por entre os dentes afiados da serra. Acariciou a madeira suave do cavalete. Ele veio para dizer adeus.

Era o momento de partir. Ele ouvira algo que o fez saber que era hora de ir. Assim, veio sentir pela última vez o cheiro de serragem e de madeira cortada.

A vida era calma aqui. A vida era tão... segura.

Ali ele passou incontáveis horas de contentamento. Naquele chão empoeirado, brincou quando criança enquanto seu pai trabalhava. Ali José o ensinou a segurar um martelo. E naquele cavalete ele construiu sua primeira cadeira.

Fico imaginando o que ele pensou ao dar uma última olhada naquele espaço. Talvez tenha ficado parado por um tempo. Talvez tenha ouvido vozes do passado preenchendo o ar.

"Bom trabalho, Jesus."

"José, Jesus, venham comer!"

"Não se preocupe, senhor, vamos terminar a tempo. Jesus vai me ajudar aqui."

Fico imaginando se ele hesitou. Se seu coração ficou dividido. Se rolou um prego entre o polegar e os dedos, antevendo a dor.

Foi na carpintaria que ele deve ter concebido seus pensamentos. Ali conceitos e convicções foram entrelaçados a fim de dar forma ao tecido de seu ministério.

É quase possível ver as ferramentas do ofício em suas palavras. É possível ver a exatidão de um fio de prumo enquanto ele proclama suas normas morais. É possível imaginá-lo com um lápis e um livro-razão enquanto pede por honestidade.

Foi ali que essas mãos humanas moldaram a madeira que suas mãos divinas haviam criado. E foi ali que seu corpo amadureceu enquanto seu Espírito aguardava o momento certo, o dia certo.

E agora esse dia havia chegado.

Não deve ter sido fácil partir. Afinal de contas, a vida como carpinteiro não era ruim. Não era nada ruim. O negócio andava bem. O futuro era luminoso, e seu trabalho, agradável.

Em Nazaré ele era conhecido apenas como Jesus, o filho de José. Pode ter certeza de que ele era respeitado na comunidade. Era bom com as mãos. Tinha vários amigos. O favorito dentre os filhos. Sabia contar uma boa piada e tinha o hábito de encher o ar com risos contagiantes.

Fico imaginando se ele quis ficar. "Poderia fazer um bom trabalho aqui em Nazaré. Acertar a vida. Construir uma família. Ser um líder da comunidade."

Fico imaginando porque sei que ele já havia lido o último capítulo. Ele sabia que os pés que sairiam pela porta segura da carpintaria não descansariam até que fossem perfurados e pendurados numa cruz romana.

Veja, ele não tinha de ir. Ele possuía uma escolha. Poderia ter ficado. Poderia ter mantido a boca fechada. Poderia ter ignorado o chamado, ou pelo menos adiado. E tivesse ele escolhido ficar, quem saberia? Quem o teria culpado?

Ele poderia voltar como homem numa outra época, quando a sociedade não fosse tão volátil, quando a religião não fosse tão rançosa, quando as pessoas prestassem mais atenção.

Poderia voltar quando a cruz estivesse fora de moda.

Mas seu coração não permitiria isso. Se houve hesitação por parte de sua humanidade, foi superada pela compaixão de sua divindade. Sua divindade ouviu as vozes. Ouviu o clamor desalentado do pobre, as acusações amargas do abandonado, o desespero vacilante dos que tentam salvar a si mesmos.

E sua divindade viu as faces. Algumas enrugadas. Algumas chorando. Algumas escondidas atrás de véus. Algumas obscurecidas pelo medo. Algumas sinceras em sua busca. Algumas empalidecidas pelo tédio. Da face de Adão até a face do último bebê nascido em alguma parte do mundo enquanto você lê estas palavras, ele as viu todas.

E pode ter certeza de uma coisa. Dentre as vozes que ressoaram naquela carpintaria em Nazaré estava a sua voz. Suas orações silenciosas proferidas em travesseiros manchados por lágrimas foram ouvidas, antes mesmo de serem ditas. Suas perguntas mais profundas sobre a morte e a eternidade foram respondidas, antes mesmo de serem feitas. E sua necessidade mais extrema, sua necessidade de um Salvador, foi atendida, antes mesmo de você pecar.

E ele não apenas ouviu você; ele o viu. Viu sua face resplandecer quando você o conheceu pela primeira vez. Viu sua face corar de vergonha quando levou o primeiro tombo. A mesma face que olhou para você naquele espelho matinal, olhou para ele. E foi o suficiente para matá-lo.

Ele partiu por sua causa.

Guardou sua segurança junto com seu martelo. Pendurou sua tranquilidade junto com seu avental. Fechou as persianas da janela com o resplendor de sua juventude e trancou a porta com o conforto e a comodidade do anonimato.

Uma vez que lhe era mais fácil carregar nossos pecados do que carregar o pensamento de nossa desesperança, ele escolheu partir.

Foi difícil. Dizer adeus à carpintaria nunca é fácil.

Capítulo nove

"Pode me chamar de Jesus"

Muitos dos nomes na Bíblia referentes ao nosso Senhor são nada menos que palatinos e augustos: Filho de Deus, Cordeiro de Deus, Luz do mundo, a Ressurreição e a Vida, Estrela da manhã, Aquele que haveria de vir, o Alfa e o Ômega.

Essas são expressões que estendem os limites da linguagem humana numa tentativa de apreender o inapreensível, a grandeza de Deus. E, por mais que tentem chegar perto, sempre ficam aquém. Ouvi-las é quase como ouvir a banda do colégio da esquina tocar o "Messias" de Handel. Boa tentativa, mas não funciona. A mensagem é majestosa demais para seu transmissor.

E o mesmo acontece com a linguagem. A frase "Não há palavras para expressar" é de fato a única possível de ser aplicada a Deus. Nenhum nome lhe faz jus.

Mas há um nome que recorda uma qualidade do Mestre que desnorteou e compeliu os que o conheceram. Tal nome revela um lado dele que, uma vez reconhecido, é suficiente para fazer você se prostrar com o rosto em terra.

Não é nem pequeno nem grande demais. É um nome que se encaixa como o sapato no pé da Cinderela.

Jesus.

Nos evangelhos é seu nome mais comum — usado quase seiscentas vezes. E era um nome comum. Jesus é a forma grega de Josué, Jesua e Jeosua — nomes conhecidos do Antigo

Testamento. Houve pelo menos cinco sumo sacerdotes conhecidos como Jesus. Os escritos do historiador Josefo mencionam cerca de vinte pessoas chamadas Jesus. O Novo Testamento fala de Jesus, chamado Justo, amigo de Paulo (Cl 4.11), e o feiticeiro de Pafos é chamado Barjesus (At 13.6). Alguns manuscritos trazem Jesus como o primeiro nome de Barrabás. "Qual destes vocês querem que lhes solte: Jesus Barrabás ou Jesus, chamado Cristo?" (Mt 27.17).

O que queremos dizer? Jesus poderia ser um "Zé". Se viesse hoje, seu nome poderia ser João, Beto ou Chico. Se estivesse aqui hoje, é de duvidar que fosse distanciar-se usando um nome pomposo como Reverendo Santíssimo Angelical Divino III. Não, quando Deus escolheu o nome que seu filho carregaria, escolheu um nome humano (Mt 1.21). Escolheu um nome tão comum que apareceria duas ou três em qualquer lista de chamada escolar.

"Aquele que é a Palavra tornou-se carne", disse João, em outras palavras.

Ele era palpável, acessível, atingível. E, mais que isso, ele era comum. Se estivesse aqui hoje, você provavelmente não repararia nele caminhando num centro comercial. Não atrairia olhares pelas roupas que usava nem pelas joias com que se enfeitava.

"Pode me chamar de Jesus", você quase consegue ouvi-lo dizer.

Era o tipo de cara que você chamaria para assistir à final do Campeonato Brasileiro em sua casa. Brincaria no chão com seus filhos, tiraria uma soneca no seu sofá e faria churrasco em seu quintal. Riria de suas piadas e contaria algumas. E quando você falasse, ele ouviria como se tivesse todo o tempo da eternidade.

Uma coisa é certa: você o convidaria para voltar.

Vale a pena notar que aqueles que melhor o conheciam se lembravam dele como Jesus. Os títulos Jesus Cristo e Senhor Jesus aparecem somente seis vezes. Os que andaram com ele se recordavam dele não com um título ou designação, mas com um nome — Jesus.

Pense nas implicações. Quando Deus escolheu se revelar à humanidade, qual meio ele usou? Um livro? Não, isso foi secundário. Uma igreja? Não, isso foi consequência. Um código moral? Não, limitar a revelação de Deus a uma lista fria de pode e não pode é tão trágico quanto olhar para um mapa do Rio de Janeiro e dizer que conheceu as praias de lá.

Quando Deus escolheu se revelar, ele o fez (surpresa!) através de um corpo humano. A língua que chamou o morto da tumba era humana. A mão que tocou o leproso tinha sujeira debaixo das unhas. O pé no qual a mulher chorou era sujo e cheio de calos. E suas lágrimas — ah, não se esqueça das lágrimas — vinham de um coração tão partido quanto o seu ou o meu jamais foram.

"Pois não temos um sumo sacerdote que não possa compadecer-se das nossas fraquezas, mas sim alguém que, como nós, passou por todo tipo de tentação" (Hb 4.15).

Assim, as pessoas iam até ele. Rapaz, e como iam! Iam à noite; tocavam-no enquanto ele caminhava pela rua; seguiam-no pelo mar; convidavam-no a suas casas e colocavam seus filhos aos pés dele. Por quê? Porque ele recusava ser uma estátua numa catedral ou um sacerdote num púlpito elevado. Em vez disso, escolheu ser Jesus.

Não há a menor sugestão de que alguém tivesse medo de se aproximar dele. Havia os zombadores. Havia os invejosos. Havia os que não o compreendiam. Havia os que o reverenciavam. Mas não havia ninguém que o considerasse santo demais, divino demais, ou celestial demais para ser tocado. *Não havia ninguém que relutasse em aproximar-se dele por medo de ser rejeitado.*

Lembre-se disso.

Lembre-se disso da próxima vez que se ver espantado com seus próprios erros.

Ou da próxima vez que acusações ácidas criarem buracos em sua alma.

Ou da próxima vez que olhar para uma catedral fria ou ouvir uma liturgia inerte.

Lembre-se. É o homem que cria a distância. É Jesus que constrói a ponte.

"Pode me chamar de Jesus."

Capítulo dez

Mulheres do inverno

I

Os pranteadores não o fizeram parar. Tampouco a enorme multidão, nem mesmo o corpo do rapaz morto na maca. Foi a mulher — seu semblante e seus olhos vermelhos. Ele soube de imediato o que havia acontecido. Era o filho dela que estava sendo carregado, seu único filho. E se existe alguém que conhece a dor resultante da perda de um filho único, este alguém é Deus.

Então ele foi até lá; entrou em ação; "Não chore", disse à mãe. "Levante-se!", disse ao menino. O morto falou, o Diabo correu, e as pessoas foram lembradas da seguinte verdade: para aqueles que conhecem o Autor da Vida, a morte nada mais é que um blefe de Satanás (Lc 7.11-17).

II

Seu plano era tirar uma soneca enquanto os rapazes iam buscar comida na cidade. E que melhor lugar para descansar do que um poço ao meio-dia? Ninguém vem atrás de água a essa hora. Então ele se sentou, esticou os braços e apoiou as costas junto ao muro do poço. Mas seu cochilo logo foi interrompido. Mal abriu os olhos e pôde vê-la se arrastando pela trilha com um jarro pesado no ombro. Atrás dela vinha meia dúzia de crianças, cada qual parecendo filho de um pai diferente.

Ela não precisava dizer uma palavra. Sua história de vida estava escrita nas rugas de seu rosto. As feridas de cinco romances fracassados estavam escancaradas e infeccionadas. Cada homem que a deixara havia levado um pedaço de seu coração. Agora já não sabia se ainda havia restado algo.

"E o homem com quem você vive agora nem mesmo lhe deu o sobrenome dele", disse Jesus para ela. Ele entendeu demasiadamente bem o sofrimento dela. Muito mais que cinco homens haviam quebrado compromissos com ele.

Com calma, o Cirurgião Divino abriu sua caixa de instrumentos e retirou uma agulha de fé e um fio de esperança. À sombra do poço de Jacó, ele costurou sua alma ferida. "Está chegando a hora...", sussurrou (Jo 4.1-42).

III

No instante em se aproximou de Jesus, ela nada tinha a perder. Os médicos tiraram seu último centavo. O diagnóstico lhe roubara a esperança. E a hemorragia a privara de sua última gota de energia. Não tinha mais dinheiro, amigos nem opções. Com as últimas cartas nas mãos e oração e esperança no coração, ela se enfiou no meio da multidão.

Quando seus dedos tocaram a veste, ocorreu uma transfusão. Dele saiu e nela entrou.

Não incomodava Jesus o fato de essa mulher buscá-lo como último recurso. Para ele, só importava ela ter vindo. Ele sabe que, com alguns de nós, é preciso uma boa quantidade de vida real para despertar nossos sentidos, por isso ele não mantém um relógio de ponto. Os que se esforçam na hora de ir embora obtêm o mesmo salário daqueles que bateram o cartão de manhã. Eu acho que é isso que faz da graça, graça (Lc 8.43-48).

Três mulheres. Uma de luto. Uma rejeitada. Uma à beira da morte. Todas sozinhas.

Sozinhas no inverno da vida.

Embora não saibamos como elas eram, seria justo supor que haviam passado do auge de sua beleza. As únicas cabeças que se viravam quando passavam pela rua eram as que balançavam de pena. Uma das três era viúva e sem filhos; a outra tinha perdido sua inocência seis camas atrás; e a terceira estava falida, desesperada e morrendo.

Houvesse Jesus as ignorado, quem teria notado? Numa cultura em que as mulheres estavam apenas um grau ou dois acima dos animais de fazenda, ninguém se importaria caso ele tivesse passado silenciosamente pelo funeral ou fechado os olhos e voltado a dormir junto ao poço ou ignorado o puxão em seu manto. Afinal de contas, eram apenas mulheres! Esgotadas, enrugadas, exaustas.

Mulheres do inverno.

"Deixe-as ali, Jesus", alguém poderia argumentar. Encontre alguém com um pouco de primavera ao redor.

Pelos padrões do mundo, essas três nada podiam oferecer em troca. Serviram a seu propósito: deram à luz seus filhos, alimentaram suas famílias, satisfizeram seus homens. Agora era hora de ignorá-las até que morressem, abrindo espaço para as jovens e imaculadas.

Foi ali que Jesus as encontrou. Tremendo no granizo gélido da inutilidade.

O inverno cru da vida.

Soa familiar? É certo que sim. Nós temos nossa gente do inverno. Gente que, por falta de boa aparência ou poder aquisitivo, perambula por aí como porco-espinho num piquenique, indesejada e intratável.

Difícil de acreditar?

Visite uma escola de ensino médio e procure adolescentes que já sentem os ventos gélidos da rejeição. São fáceis de encontrar. São aqueles com acne, cabelo oleoso ou furos nos sapatos; sentam-se sozinhos no intervalo e ficam em casa nos fins de semana. Orbitam em torno das estrelas da classe, ansiando por aceitação, porém cada vez mais convencidos de que não a merecem.

Ou tente Miami Beach. Não me refiro à praia do norte, onde os turistas pagam caro para pegar um bronzeado. Refiro-me à praia do sul, uma cidade construída deliberadamente para os exaustos. Observe-os arrastando os pés idosos pela calçada. Vieram para seu cemitério. Cumpriram suas funções e agora preenchem seu dia com dominós, cães e consultas médicas. Preenchem a noite com sonhos da netinha que talvez apareça no próximo Natal. E, embora a praia seja quente, na alma deles sopram os ventos do inverno.

Ou então pense nos não nascidos. A cada vinte segundos, um deles é retirado do calor do útero e lançado no lago frio do egoísmo. Apesar das frases clínicas usadas para tornar o ato mais palatável — "interrupção da gravidez" em vez de "aborto", "feto" em vez de "embrião", "concepto" em oposição a "bebê" —, o ato é deplorável. A questão central ainda é a negação do valor inerente de um ser humano.

Os parágrafos poderiam seguir indefinidamente. Parágrafos sobre tetraplégicos, vítimas de aids ou doentes terminais. Pais solteiros. Alcoólatras. Divorciadas. Cegos. Todos os párias sociais. Leprosos, mutações. Todos, numa medida ou noutra, rejeitados pelo "mundo normal".

A sociedade não sabe o que fazer com eles. E, infelizmente, nem a igreja sabe. Costumam encontrar uma recepção mais calorosa no bar da esquina do que na escola dominical.

Mas Jesus encontraria um lugar para eles. Encontraria um lugar porque ele se importa. E ele se importa incondicionalmente.

Não, ninguém teria culpado Jesus por ignorar as três mulheres. Virar a cabeça seria muito mais fácil, menos controverso, e quase nada arriscado. Mas Deus, que as criou, não poderia fazer isso. E nós que o seguimos, também não.

Capítulo onze

Quando Deus suspirou

Dois dias atrás li uma palavra na Bíblia que fixou morada em meu coração.

Para ser sincero, eu não sabia muito bem o que fazer com ela. É só uma palavra, e nem é uma palavra tão grande. Quando deparei com ela (o que, a propósito, foi exatamente o que aconteceu; eu estava passando pela passagem e a palavra surgiu do nada, me acertando como um quebra-molas), não soube o que fazer com ela. Não tinha um termo com o qual pudesse combiná-la nem uma categoria na qual encaixá-la.

Era uma palavra enigmática numa passagem enigmática. Mas agora, 48 horas depois, encontrei um lugar para ela, um lugar todo especial. Rapaz, que palavra! Não a leia, a menos que você não se importe de ter a mente transformada, pois esta pequena palavra pode mudar a disposição de sua mobília espiritual.

Veja a passagem comigo.

> A seguir Jesus saiu dos arredores de Tiro e atravessou Sidom, até o mar da Galileia e a região de Decápolis. Ali algumas pessoas lhe trouxeram um homem que era surdo e mal podia falar, suplicando que lhe impusesse as mãos.
>
> Depois de levá-lo à parte, longe da multidão, Jesus colocou os dedos nos ouvidos dele. Em seguida, cuspiu e tocou na língua do homem. Então voltou os olhos para o céu e, com

> um profundo suspiro, disse-lhe: "Efatá!", que significa "abra-se!" Com isso, os ouvidos do homem se abriram, sua língua ficou livre e ele começou a falar corretamente.
>
> Marcos 7.31-35

Que bela passagem, concorda?

Jesus é apresentado a um homem surdo e com dificuldade de fala. Talvez fosse gago. Talvez tivesse a língua presa. Talvez, por causa da surdez, nunca houvesse aprendido a articular corretamente as palavras.

Jesus, recusando-se a explorar a situação, chamou o homem de lado. Olhou-o nos olhos. Ciente de que seria inútil falar, explicou o que estava prestes a fazer através de gestos. Cuspiu e tocou a língua do homem, dizendo-lhe que, não importa o que estivesse restringindo sua fala, seria removido. Tocou seus ouvidos. Estes, pela primeira vez, preparavam-se para ouvir.

Mas antes que o homem dissesse uma palavra ou ouvisse um som, Jesus fez algo que eu jamais teria esperado.

Ele suspirou.

Eu poderia esperar uma salva de palmas, uma canção ou uma oração. Até mesmo um "Aleluia!" ou uma breve lição seriam apropriados. Mas o Filho de Deus não fez nada disso. Pelo contrário, parou, olhou para o céu, e suspirou. Das profundezas do seu ser irrompeu uma emoção que dizia mais que as palavras.

Suspiro. Essa palavra me pareceu fora de lugar.

Nunca havia pensado em Deus como alguém que suspira. Pensava em Deus como alguém que dá ordens. Pensava em Deus como alguém que chora. Pensava em Deus como aquele que chama os mortos para a vida ou cria o universo com uma palavra... Mas um Deus que suspira?

Talvez essa frase chame minha atenção porque eu mesmo tenho minha parcela de suspiros.

Suspirei ontem quando visitei uma senhora cujo marido inválido havia piorado tanto a ponto de não me reconhecer. Achou que eu estava tentando lhe vender algo.

Suspirei quando a menininha de 6 anos, maltrapilha e com o rosto sujo, pediu-me algum trocado.

E suspirei hoje ouvindo um marido dizer como sua esposa nunca o perdoará.

Sem dúvida você também andou suspirando.

Se seus filhos são adolescentes, você sem dúvida suspirou. Se você tenta resistir à tentação, provavelmente suspirou. Se você teve suas motivações questionadas ou seus melhores atos de amor rejeitados, viu-se forçado a respirar fundo e deixar escapar um penoso suspiro.

Eu sei que existem suspiros de alívio, de expectativa e até de alegria. Mas não é esse o suspiro descrito em Marcos 7. Ali o suspiro é descrito como um híbrido de frustração e tristeza. Fica em algum lugar entre o acesso de raiva e a explosão de lágrimas.

O apóstolo Paulo falou desse tipo de suspiro. Duas vezes ele disse que os cristãos suspirarão enquanto estiverem na terra e ansiarem pelo céu. A criação suspira como se estivesse dando à luz. Até o Espírito Santo suspira quando interpreta nossas orações (Rm 8.22-26).

Todos esses suspiros resultam da mesma ansiedade: um reconhecimento da dor inesperada, ou da esperança prorrogada.

O homem não foi criado para viver separado do seu criador; assim ele suspira, ansiando pelo lar. A criação não foi designada para ser habitada pelo mal; então ela suspira, ansiando pelo Jardim. E as conversas com Jesus nunca foram concebidas para depender de um tradutor; desse modo o Espírito geme em nosso favor, olhando para o dia em que os homens verão Deus face a face.

E quando Jesus olhou nos olhos da vítima de Satanás, a única coisa apropriada a fazer era suspirar. "Não deveria ser assim", disse o suspiro. "Seus ouvidos não foram concebidos para a surdez, sua língua não foi designada para vacilar." O desequilíbrio da cena enfraqueceu o Mestre.

Dessa forma, encontrei um lugar para a palavra. Você pode achar estranho, mas eu a coloquei ao lado da palavra *conforto*, pois, indiretamente, o sofrimento de Deus é nosso conforto.

E na agonia de Jesus reside nossa esperança. Se ele não tivesse suspirado, se não tivesse sentido o fardo daquilo que não deveria ser, estaríamos numa condição deplorável. Se ele tivesse apenas culpado o inevitável ou lavado suas mãos de toda aquela fétida desordem, que esperança teríamos?

Mas não. Aquele suspiro santo nos assegura de que Deus ainda geme por seu povo. Ele geme pelo dia quando todos os suspiros cessarão, quando o que deve ser será.

Capítulo doze

A PERGUNTA À BEIRA DO DESFILADEIRO

— Como passou a noite? — a enfermeira perguntou.

Os olhos cansados do rapaz responderam à pergunta antes de seus lábios. Havia sido longa e árdua. As vigílias sempre são. Ainda mais quando passadas com o próprio pai.

— Ele não acordou.

O filho sentou-se junto à cama e segurou a mão ossuda que tantas vezes segurara a sua. Tinha receio de soltá-la por medo de que, ao fazê-lo, o homem que ele tanto amava tombasse para o lado de lá. Ele a havia segurado a noite toda enquanto os dois estavam à beira do desfiladeiro, cientes de que o passo final estava apenas algumas horas distante.

Com palavras manchadas de preto pela confusão, ele resumiu os temores que foram seus companheiros na escuridão.

— Eu sei que tem de acontecer — suspirou o filho, olhando para o rosto pálido do pai. — Só não sei por quê.

O desfiladeiro da morte.

É um desfiladeiro desolado. O solo é seco, rachado e sem vida. O sol escaldante aquece o vento que geme assustadoramente e aferroa sem piedade. As lágrimas ardem e as palavras surgem devagar quando os visitantes do desfiladeiro são forçados a encarar o abismo. O fundo do precipício é invisível, e o outro lado inalcançável. Não há como não imaginar o que está escondido nas trevas. E não há como não querer ir embora.

Você já esteve lá? Já foi chamado a ficar junto da linha tênue que separa os vivos dos mortos? Já ficou acordado à noite, ouvindo as máquinas bombearem ar para dentro e para fora de seus pulmões? Já assistiu à doença corroer e atrofiar o corpo de um amigo? Já ficou para trás no cemitério, muito tempo depois que os outros partiram, olhando incrédulo para o caixão contendo o corpo que continha a alma de alguém que você não acredita que se foi?

Se assim for, esse desfiladeiro não lhe é estranho. Você já ouviu o sibilo solitário dos ventos. Já ouviu as perguntas dolorosas "Por quê?" e "Para quê?" ricochetearem sem respostas pelas paredes do precipício. Já chutou pedras da beirada e esperou pelo som da queda, que nunca chega.

O jovem pai esmagou o cigarro no cinzeiro de plástico. Estava sozinho na sala de espera do hospital. Quanto tempo levaria? Tudo aconteceu tão rapidamente! Primeiro vieram as notícias do hospital, depois a corrida frenética até a sala de emergência, e por fim a explicação da enfermeira:

— Seu filho foi atropelado por um carro. Possui ferimentos graves na cabeça. Está na sala de cirurgia. Os médicos estão fazendo o melhor possível.

Outro cigarro.

— Meu Deus — as palavras do pai eram quase audíveis. — Ele só tem 5 anos.

Ficar à beira do desfiladeiro põe nossa vida inteira em perspectiva. O que importa e o que não importa se tornam facilmente distinguíveis. Junto ao desfiladeiro ninguém se preocupa com salários ou posições. Ninguém pergunta qual carro você dirige ou em que parte da cidade você mora. À medida que humanos temporais ficam ao lado desse abismo eterno, todos os jogos e disfarces da vida parecem tristemente tolos.

Tudo aconteceu num impetuoso instante.

— Onde está o pássaro? — gritou o engenheiro espacial no Cabo Canaveral.

— Oh, meu Deus! — exclamou um senhor da tribuna próxima. — Não permita que aconteça o que eu acho que aconteceu.

Confusão e horror assolaram a nação enquanto estávamos à beira do desfiladeiro assistindo a sete de nossos melhores homens sendo desintegrados diante de nossos olhos quando a nave explodiu numa bola de fogo branca e alaranjada.

Mais uma vez fomos lembrados de que, mesmo com nossa melhor tecnologia, ainda somos terrivelmente frágeis.

Pode ser que eu esteja me dirigindo a alguém que se encontre à beira do desfiladeiro. Alguém que você muito amava foi chamado para o desconhecido, e você está só. Sozinho com seus medos e sozinho com suas dúvidas. Se for este o caso, por favor, leia o restante do livro com bastante cuidado. Olhe atentamente para a cena descrita em João 11.

Nesta cena, há duas pessoas: Marta e Jesus. E, para todos os propósitos práticos, eles são as duas únicas pessoas no universo.

As palavras dela estavam cheias de desespero. "Se estivesses aqui..." Seus olhos confusos fitam o rosto do Mestre. Ela havia sido forte o suficiente; agora, a dor é intensa demais. Lázaro morreu. Seu irmão se fora. E o único homem que podia ter feito algo não o fez. Ele nem sequer aparecera ao funeral. Alguma coisa acerca da morte nos faz acusar Deus de traição. "Se Deus estivesse aqui, não haveria morte nenhuma!", clamamos.

Veja, se Deus é Deus em qualquer lugar, ele tem de ser Deus perante a morte. A psicologia popular pode lidar com a depressão. A conversa motivacional pode lidar com o pessimismo. A prosperidade pode tratar da fome. Mas somente Deus pode lidar com nosso dilema final — a morte. E somente o Deus da Bíblia tem a coragem de ficar à beira do desfiladeiro e oferecer uma resposta. Ele tem de ser Deus perante a morte. Do contrário, não é Deus em lugar algum.

Jesus não se zangou com Marta. Talvez fosse a paciência dele que a levou a mudar de tom, da frustração para a seriedade.

— Mas sei que, mesmo agora, Deus te dará tudo o que pedires.

Jesus, então, fez uma das afirmações que o colocam no trono ou no hospício.

— O seu irmão vai ressuscitar.

Marta não entendeu. (Quem entenderia?)

— Eu sei que ele vai ressuscitar na ressurreição, no último dia.

Não foi o que Jesus quis dizer. Perceba o contexto das palavras seguintes. Imagine o cenário: Jesus invadiu o campo do inimigo; ele está no território de Satanás, no Desfiladeiro da Morte. Seu estômago se revira ao sentir o cheiro de enxofre do anjo caído, e ele estremece ao ouvir os lamentos opressivos dos que estão trancafiados na prisão. Satanás esteve aqui. Ele violou uma das criações de Deus.

Com o pé plantado sobre a cabeça da serpente, Jesus fala alto o suficiente para que suas palavras ecoem pelas paredes do desfiladeiro.

— Eu sou a ressurreição e a vida. Aquele que crê em mim, ainda que morra, viverá; e quem vive e crê em mim não morrerá eternamente (Jo 11.25).

É o ponto crítico da história. Uma fissura foi encontrada na armadura da morte. As chaves para os portais do inferno foram reivindicadas. Os urubus dispersam e os escorpiões saem em debandada quando a Vida confronta a morte — e vence! O vento se detém. Uma nuvem bloqueia o sol, e um pássaro chilreia distante enquanto a serpente humilhada rasteja por entre as rochas e desaparece no solo.

O cenário para o confronto no Calvário foi montado.

Mas Jesus não terminou sua conversa com Maria. Com o olhar fixo nos olhos dela, ele faz a maior pergunta encontrada nas Escrituras, uma pergunta de tanto valor para você e para mim quanto para Marta.

— Você crê nisso?

Uau! Aí está. O ponto essencial. A dimensão que separa Jesus de milhares de gurus e profetas que surgiram por aí. A pergunta que conduz qualquer ouvinte responsável à obediência absoluta ou à rejeição total da fé cristã.

— Você crê nisso?

Deixe a pergunta penetrar em seu coração por um instante. Você crê que um jovem itinerante, sem um tostão no bolso, é maior que a morte? Você realmente crê que a morte nada mais é senão uma rampa de acesso a uma nova estrada?

— Você crê nisso?

Jesus não apresentou essa questão como um tópico para debate na escola dominical. Jamais foi concebida para ser tratada enquanto nos aquecemos à luz solar da janela ou enquanto estamos sentados em bancos acolchoados.

Não. Essa é uma pergunta de desfiladeiro. Uma pergunta que só faz sentido durante uma vigília noturna ou no silêncio das esfumaçadas salas de espera. Uma pergunta que faz sentido quando todos os nossos esteios, muletas e fantasias foram removidos. Pois então devemos encarar a nós mesmos como realmente somos: humanos desorientados descendo numa espiral até o desastre. E somos forçados a enxergá-lo de acordo com aquilo que ele afirma ser: nossa única esperança.

Tanto por desespero como por inspiração, Marta disse sim. Ao estudar o rosto moreno daquele carpinteiro galileu, algo lhe disse que ela provavelmente nunca estaria mais perto da verdade do que naquele momento. Então ela lhe deu a mão e permitiu que ele a levasse para longe do desfiladeiro.

"Eu sou a ressurreição e a vida... Você crê nisso?"

Capítulo treze

O CONTO DAS DUAS ÁRVORES

I

Massas disformes. Flutuantes. Desconectadas.

Artista divino. Sonho terrestre.

Luz! Raios de sol traspassando árvores da selva. Pores do sol vulcânicos com explosões douradas. Macios lençóis enluarados, suavizando um desgastado oceano.

Seres! Resfolegando. Salpicando. Balindo. Roendo. Arranhando. Cavando.

Sons! Cascos de cavalo. Grasnado de corvo. Risada de hiena. Estrondo de trovão. Pio de pintinho. O plic-plic-plic da chuva. O nada convertido.

Então, o silêncio... enquanto um Escultor invisível trabalha em lama e poeira. Leões imóveis, assistindo. Pardais empoleirados, perscrutando. Nuvens pairando. Cangurus curiosos. Alces indagadores. Centopeias bisbilhoteiras.

— O que ele está fazendo?

— Um animal?

Girafas espreitando detrás das folhas. Esquilos fofocando. Pausa. Espanto. Balbuciação.

— Uma montanha?

Uma brisa repentina, surpreendentemente quente, assobia por entre as folhas, espalhando poeira da forma inerte. E com o sopro de ar fresco vem a diferença. Voando pelo vento quente está a sua imagem. O riso é posto nas bochechas esculpidas. Um reservatório de lágrimas é armazenado na alma. Uma pitada de brilho para os olhos. Poesia para o espírito. Lógica. Lealdade. Como folhas na brisa de outono, flutuam e aterrissam e são absorvidos. Seus dons se tornam parte dele.

Sua Majestade sorri para sua imagem.

— Isso é bom.

Os olhos se abrem.

Unidade. Criador e criatura caminham às margens do rio. Risos. Pureza. Alegria inocente. Vida sem fim.

Então, a árvore.

A luta. A serpente. A mentira. A tentação. O coração dividido, seduzido. A alma atraída ao prazer, à independência, à importância. Agonia interior. A vontade de quem?

A escolha. A morte da inocência. A entrada da morte. A queda.

Marcas de lágrimas se confundem com nódoas de fruta.

II

A Busca.

"Abraão, você será pai de uma nação! E Abraão, diga às pessoas que eu as amo."

"Moisés, você libertará meu povo! E Moisés, diga às pessoas que eu as amo."

"Josué, você liderará os escolhidos! E Josué, diga às pessoas que eu as amo."

"Davi, você reinará sobre o povo! E Davi, diga às pessoas que eu as amo."

"Jeremias, você carregará notícias de escravidão! Mas Jeremias, lembre meus filhos, lembre meus filhos de que eu os amo."

Altares. Sacrifícios. Rebelião. Retorno. Reação. Arrependimento. Romance. Tábuas. Juízes. Pilares. Sangue. Guerras. Reis. Gigantes. Lei. Ezequias. Neemias. Oseias... Deus observando, jamais virando as costas, sempre amando, sempre ansioso pelo Jardim novamente.

III

Trono vazio. O Espírito desce. Anjos silenciosos. Uma garota. Um ventre. Um óvulo.

O mesmo Artista Divino molda novamente um corpo. Desta vez, dele próprio. Divindade carnal. Espírito revestido de pele. Onipotência com pelos. Unhas. Juntas. Molares. Joelhos. Mais uma vez ele anda com o homem. No entanto, o Jardim é agora espinhoso. Espinhos que cortam, que envenenam, que se fixam, deixando feridas amargas.

Desarmonia. Doença. Traição. Medo. Culpa.

Os leões já não se detêm. As nuvens já não pairam. Os pássaros se dispersam muito depressa. Desarmonia. Competição. Cegueira.

E, mais uma vez, a árvore.

Mais uma vez, a luta. A serpente. A tentação. Coração dividido, seduzido. Mais uma vez, a pergunta: "A vontade de quem?".

Então, a escolha. Marcas de lágrimas se confundem com manchas de sangue. Relacionamento restaurado. Ponte edificada.

Mais uma vez ele sorri.

— Isso é bom.

Visto que a morte veio por meio de um só homem, também a ressurreição dos mortos veio por meio de um só homem. Pois da mesma forma como em Adão todos morrem, em Cristo todos serão vivificados.

1Coríntios 15.21-22

Capítulo catorze

Não foi acidente

Contém todos os ingredientes de uma boa ilustração para o sermão.

É emocionante. É dramático. E é uma história que partirá seu coração.

Só Deus sabe quantas vezes os pregadores a usaram.

Só há um problema. Ela não é precisa.

Talvez você já tenha ouvido.

É a história de um engenheiro que operava uma ponte levadiça no meio de um rio potente. Por meio do painel de controle cheio de alavancas e interruptores, colocava em ação um conjunto monstruoso de engrenagens que levantava a ponte para o tráfego fluvial ou a fechava para a passagem do trem.

Certo dia ele levou seu filhinho para trabalhar com ele. O menino fascinado lançava uma pergunta após a outra a seu pai. Foi só depois de a ponte ter se levantado para a passagem de um navio que o pai se deu conta de que as perguntas haviam cessado e seu filho não estava mais no recinto. Olhou pela janela de sua cabina de controle e viu o menino subindo nos dentes das engrenagens. Enquanto corria para o maquinário a fim de pegar seu filho, ouviu o apito de um trem se aproximando.

Seu coração disparou. Se fechasse a ponte, não haveria tempo de resgatar seu filho. Tinha de fazer uma escolha. Ou seu filho morreria, ou um carregamento de passageiros inocentes seria morto. Um dilema terrível exigia uma decisão terrível. O engenheiro sabia o que tinha de fazer. Estendeu a mão até a alavanca.

Uma história poderosa, não é mesmo? Ela é muitas vezes usada para descrever o sacrifício de Cristo. E não deixa de ter seus paralelos. É verdade que Deus não poderia salvar o homem sem matar seu filho. O coração do Deus Pai de fato se retorceu de tristeza quando bateu com força as engrenagens da morte em Jesus. E é triste, porém verdade, que os inocentes passaram perto da cena do crime alheios ao sacrifício que havia acabado de salvá-los da morte certa.

Mas há uma conclusão na história que precisa tristemente ser corrigida.

Leia esta citação do primeiro sermão pregado sobre a cruz e veja se consegue encontrar a frase reveladora.

> "Israelitas, ouçam estas palavras: Jesus de Nazaré foi aprovado por Deus diante de vocês por meio de milagres, maravilhas e sinais que Deus fez entre vocês por intermédio dele, como vocês mesmos sabem. Este homem lhes foi entregue por propósito determinado e pré-conhecimento de Deus; e vocês, com a ajuda de homens perversos o mataram, pregando-o na cruz".
>
> Atos 2.22-23

Percebeu? É a frase solene no parágrafo. É a declaração que ressoa coragem, com raízes que remontam à eternidade. É a frase que, talvez mais que qualquer outra na Bíblia, descreve o verdadeiro preço que Deus pagou para adotar você.

Qual é a frase? "Propósito determinado e pré-conhecimento de Deus." A versão *Almeida Revista e Atualizada* chama de "determinado desígnio e presciência de Deus". A *Nova Bíblia Viva* traduz a frase como "plano já estabelecido por Deus". Seja como a frase aparecer, a verdade é séria assim: a cruz não foi um acidente.

A morte de Jesus não foi resultado de um engenheiro cósmico em pânico. A cruz não foi uma surpresa trágica. O Calvário não foi uma resposta instintiva a um mundo à beira da destruição. Não foi uma medida de remendo nem um tapa-buraco. A morte do Filho de Deus foi tudo, menos um risco inesperado.

Não, foi parte de um plano. Foi uma escolha calculada. "Foi da vontade do SENHOR esmagá-lo" (Is 53.10). A cruz estava delineada no projeto original. Estava escrita no roteiro. No momento em que o fruto proibido tocou os lábios de Eva, a sombra da cruz apareceu no horizonte. E entre aquele momento e o momento em que o carrasco colocou um prego no pulso de Deus, o planomestre foi cumprido.

O que isso significa? Significa que Jesus planejou seu próprio sacrifício.

Significa que Jesus plantou intencionalmente a árvore da qual a cruz seria esculpida.

Significa que ele de bom grado inseriu o minério de ferro no coração da terra, com o qual os pregos seriam fundidos.

Significa que ele voluntariamente pôs Judas no ventre de uma mulher.

Significa que foi Cristo quem acionou a máquina política que enviaria Pilatos a Jerusalém.

E significa também que ele não precisava fazer nada disso — mas fez.

Não foi acidente; foi o que teria de ser! Até o mais cruel dos criminosos é poupado da agonia de ter sua sentença de morte lida antes mesmo de sua vida começar.

Mas Jesus nasceu crucificado. Toda vez que ficava ciente de quem ele era, ficava ciente também do que tinha de fazer. A sombra em formato de cruz podia sempre ser vista. E os gritos dos aprisionados do inferno podiam sempre ser ouvidos.

Isso explica o brilho de determinação em sua face quando ele partiu para Jerusalém pela última vez. Ele marchava para a morte (Lc 9.51).

Isso explica a firmeza de suas palavras: "Por isso é que meu Pai me ama, porque eu dou a minha vida para retomá-la. Ninguém a tira de mim, mas eu a dou por minha espontânea vontade" (Jo 10.17-18).

Isso explica a pergunta enigmática: "Isso os escandaliza? Que acontecerá se vocês virem o Filho do homem subir para onde estava antes?" (Jo 6.61-62).

A cruz explica...

> ... por que ele disse aos fariseus que o "objetivo" de sua vida só seria cumprido no terceiro dia após sua morte (Lc 13.32).
>
> ... a misteriosa aparição de Moisés e Elias no monte da Transfiguração para discutir sua "partida" (Lc 9.31).
>
> ... por que João Batista apresentou Jesus à multidão como o "Cordeiro de Deus, que tira o pecado do mundo!" (Jo 1.29).

Talvez seja por isso que ele arrancou a grama pela raiz no Getsêmani. Conhecia bem o inferno que suportaria quando dissesse: "Seja feita a tua vontade".

Talvez a cruz tenha acontecido porque ele amava muito as crianças. Elas representavam aquilo que ele teria de doar: a vida.

Isso aumenta a seriedade de suas profecias:

> "Dou a minha vida pelas ovelhas".
>
> João 10.15

> Desde aquele momento Jesus começou a explicar aos seus discípulos que era necessário que ele fosse para Jerusalém e sofresse muitas coisas nas mãos dos líderes religiosos, dos chefes dos sacerdotes e dos mestres da lei, e fosse morto e ressuscitasse no terceiro dia.
>
> Mateus 16.21

A referência à pedra rejeitada (Mt 21.41), a unção para o enterro (Mc 14.3-9), a destituição de Judas na última ceia (Jo 13.27-30): todos esses incidentes acontecem numa dimensão grave quando a iminência da cruz é levada em conta. Nosso Mestre viveu uma vida tridimensional. Ele tinha uma visão tão límpida do futuro quanto do presente e do passado.

É por isso que as cordas usadas para amarrar suas mãos e os soldados usados para conduzi-lo até a cruz eram desnecessários. Eram acessórios. Se não estivessem ali, se não houvesse julgamento nem Pilatos nem multidão, a mesma crucificação teria ocorrido. Se Jesus fosse forçado a pregar a si mesmo na cruz, ele o faria. Pois não foram os soldados que o mataram, nem os gritos da multidão: foi sua devoção por nós.

Portanto, chame do que quiser: ato de graça, plano de redenção, sacrifício de mártir. Só não chame de acidente. Foi qualquer coisa, menos isso.

Capítulo quinze

Redescobrindo o deslumbre

"E eu estarei sempre com vocês."
Mateus 28.20

Do lugar de onde escrevo posso avistar diversos milagres.

Ondas de crista branca acertam a praia com regularidade rítmica. Uma após a outra, as ondulações crescentes de água salgada ganham impulso, saltando, elevando-se, depois parando para saudar a praia antes de tombar na areia. Quantos bilhões de vezes esse mistério simples se repetiu desde o início dos tempos?

À distância acontece um milagre de cores — gêmeos azulados. O azul oceânico do Atlântico encontra o azul pálido do céu, separados apenas pelo horizonte, estendido como um arame esticado entre dois polos.

No meu campo de visão há também duas extremidades da vida. Uma jovem mãe empurra o bebê num carrinho, ambos recentes coparticipantes de Deus no milagre do nascimento. Passam por um cavalheiro gentil, de cabelos alvos como a neve, sentado num banco, vítima do ladrão da vida — a idade. (Eu me pergunto se ele está ciente de que, em breve, a cortina de sua vida irá se fechar.)

Atrás deles, três rapazes estão chutando uma bola de futebol na praia. Com habilidade, eles coordenam incontáveis músculos e reflexos, engatam e desengatam com perfeição juntas e articulações... Tudo para executar uma tarefa: rolar a bola pela areia.

Milagres. Divinos milagres.

São milagres porque são mistérios. Cientificamente explicáveis? Sim. Reproduzíveis? Em certa medida.

Mas ainda assim são mistérios. Fatos que se estendem além de nossa compreensão e encontram suas origens em outro domínio. São tão divinos como mares divididos, aleijados andando, e túmulos vazios.

E são um lembrete da presença de Deus tanto quanto o coxo que anda, os demônios em fuga e as tempestades acalmadas. São milagres. São sinais. São testemunhos. São encarnações instantâneas. Fazem-nos lembrar da mesma verdade: o invisível é agora visível. O distante se aproximou. Sua majestade veio para ser vista. E ele está no mais comum dos confins da terra.

De fato, é a normalidade, e não a singularidade dos milagres de Deus que os fazem ser tão surpreendentes. Em vez de chocar o mundo com uma demonstração ocasional da divindade, Deus optou por exibir seu poder diariamente. Proverbialmente. O bater das ondas. Cores decompostas do prisma. Nascimento, morte, vida. Somos cercados por milagres. Deus está lançando testemunhos em nós como fogos de artifício, cada qual explodindo ao som de "Deus é! Deus é!".

O salmista se maravilhou diante de obra tão santa: "Para onde poderia eu escapar do teu Espírito? Para onde poderia fugir da tua presença? Se eu subir aos céus, lá estás; se eu fizer a minha cama na sepultura, também lá estás" (Sl 139.7-8).

Nós nos perguntamos, com tantos testemunhos milagrosos ao nosso redor, como poderíamos escapar de Deus. Mas, de algum modo, fugimos dele. Vivemos numa galeria artística da criatividade divina e, contudo, ficamos contentes de só contemplar o carpete.

Ou, o que é pateticamente pior, exigimos *mais*. Mais sinais. Mais provas. Mais truques de mágica. Como se Deus fosse um artista de circo que podemos conclamar em troca de algumas moedas.

Como foi que ficamos tão surdos? Como ficamos tão imunes ao deslumbre? Por que relutamos tanto em ficar estupefatos ou maravilhados?

Talvez a frequência dos milagres nos deixe cegos à sua beleza. Afinal de contas, que surpresa há numa primavera ou numa árvore que floresce? Acaso as estações não vêm todos os anos? Não há incontáveis conchas iguais àquela?

Entediados, dizemos u-hum e substituímos o notável pelo regular, o inacreditável pelo previsto. A ciência e as estatísticas ondulam sua varinha antimágica diante da face da vida, silenciando os ohs e ahs, e substituindo-os por fórmulas e números.

Você gostaria de ver Jesus? Ousa ser uma testemunha ocular de sua majestade? Então redescubra o deslumbre.

Da próxima vez que ouvir o riso de um bebê ou uma onda do mar, tome nota. Faça uma pausa e ouça sua Majestade sussurrar com imensa gentileza: "Eu estou aqui".

Capítulo dezesseis

Esperança

É uma das narrativas mais atraentes em toda a Escritura. Tão fascinante é a cena, de fato, que Lucas optou por registrá-la em detalhes. Dois discípulos estão descendo pela estrada poeirenta até a aldeia de Emaús. A conversa diz respeito ao Jesus crucificado. As palavras saem devagar, de cadência arrastada, ao ritmo fúnebre de seus pés.

— Mal posso acreditar. Ele se foi.

— O que faremos agora?

— É culpa de Pedro, ele não deveria ter...

Neste mesmo momento, um estranho se aproxima por trás deles e diz:

— Desculpem-me, mas não pude deixar de ouvi-los. Sobre quem vocês estão discutindo?

Os dois param e se viram. Outros viajantes passam por eles enquanto os três permanecem em silêncio. Por fim, um deles pergunta:

— Onde você esteve nos últimos dias? Não ouviu falar de Jesus de Nazaré? — E continua, relatando o que aconteceu.

Essa cena me fascina: dois discípulos leais contando como o último prego foi batido no caixão de Israel. Deus, disfarçado, escuta pacientemente, as mãos feridas ocultas sob o manto. Ele deve ter se comovido com a fidelidade dessa dupla. No entanto, também deve ter se decepcionado um pouco. Havia acabado de ir até o inferno e voltado para dar o céu à terra, e esses dois estavam preocupados com a situação política de Israel.

— Mas esperávamos que ele fosse o resgatador de Israel.

Mas esperávamos... Com que frequência você ouviu uma frase assim?

"Esperávamos que o médico fosse liberá-lo."

"Esperava que eu fosse aprovado no exame."

"Esperávamos que o cirurgião retirasse o tumor inteiro."

"Pensei que o trabalho estivesse na mochila."

Palavras pintadas com o cinza da decepção. O que queríamos não veio. O que veio, não queremos. O resultado? A esperança partida. O alicerce de seu mundo treme.

Caminhamos pela estrada de Emaús, arrastando nossas sandálias na poeira, imaginando o que fizemos para merecer uma situação dessa. "Que tipo de Deus me deixaria tão triste assim?"

No entanto, nossos olhos estão tão cheios de lágrimas, e nossa perspectiva, tão limitada que Deus poderia ser o camarada andando ao nosso lado que nós nem perceberíamos.

Veja, o problema dos nossos dois amigos pesarosos não era falta de fé, mas falta de visão. Suas petições se limitavam àquilo que podiam imaginar — um reino terreno. Se Deus tivesse respondido a suas orações, se lhes concedesse a esperança sonhada, a Guerra dos Sete Dias teria começado dois mil anos antes, e Jesus teria passado os próximos quarenta anos treinando seus apóstolos para serem membros do gabinete. É preciso se perguntar se o ato mais misericordioso de Deus não é sua recusa em responder a algumas de nossas orações.

Não somos muito diferentes desses viajantes cansados, somos? Rolamos na lama da autocomiseração à sombra da própria cruz. Pedimos piedosamente pela vontade dele e depois temos a audácia de ficar amuados se as coisas não saem do nosso jeito. Se ao menos nos lembrássemos do corpo celestial que nos espera, pararíamos de reclamar por ele não ter curado o corpo terreno.

Nosso problema não é tanto o fato de Deus não nos dar o que esperamos, mas sim de não sabermos a coisa certa pela qual esperar. (Talvez você queira ler essa frase novamente.)

A esperança não é o que você espera; é algo com que você nunca sonharia. É um conto maluco e improvável, com um final do tipo "belisque-me para ver se não estou sonhando". É Abraão ajustando seus óculos bifocais para que possa ver não o neto, mas o filho. É Moisés em pé na Terra Prometida não com Arão ou Miriã ao lado, mas com Elias e Jesus transfigurado. É Zacarias mudo, à visão da esposa, Isabel, grisalha e grávida. E são os dois peregrinos de Emaús se estendendo para pegar um pedaço de pão só para ver que as mãos que o oferecem estão perfuradas.

A esperança não é um desejo concedido ou um favor realizado; não, é muito maior que isso. É uma dependência doida e imprevisível em um Deus que ama nos surpreender e estar lá pessoalmente para conferir nossa reação.

Capítulo dezessete

INSTANTES ETERNOS

Brincamos de todos os jogos que conhecíamos. Corremos para cima e para baixo pelo salão. Brincamos de esconde-esconde atrás do sofá. Jogamos a bola de praia na cabeça um do outro. Brincamos de lutinha, de pega-pega e dançamos. Foi uma noite e tanto para mamãe, papai e a pequena Jenna. Estávamos nos divertindo tanto que ignoramos a hora de dormir e desligamos a televisão. E se a tempestade não tivesse aparecido, só Deus sabe até que horas continuaríamos brincando.

Mas a tempestade surgiu. A chuva tamborilou, depois bateu, e por fim estapeou as janelas. Os ventos rugiram do Atlântico e rebentaram por todas as montanhas circunvizinhas com tamanha força que ficamos sem luz. O vale adjacente atuou como funil, regando vento e chuva sobre a cidade.

Fomos todos para o quarto e deitamos na cama. Na escuridão ouvimos a orquestra divina. A eletricidade dançava no céu como a batuta do maestro convocando os tambores do trovão.

Eu pude senti-lo enquanto estávamos deitados na cama. Ele soprou sobre mim, misturado à doce fragrância da chuva fresca. Minha esposa estava deitada em silêncio ao meu lado. Jenna usava minha barriga como travesseiro. Ela também estava quieta. Nossa segunda filha, a apenas um mês do nascimento, descansava dentro do ventre de sua mãe. Elas também devem ter sentido, pois ninguém falou. Entrou em nossa presença como se introduzido pelo próprio Deus. E ninguém ousou se mexer por medo de que ele se fosse prematuramente.

O que era? Um instante eterno.

Um instante do tempo que não tem tempo. Uma imagem que se congelou entre os disparos, exigindo ser saboreada. Um minuto que se recusou a morrer depois de sessenta segundos. Um momento que foi elevado da linha de tempo ao estado de eternidade, de modo que os anjos pudessem testemunhar sua majestade.

Um instante eterno.

Um momento que lembra você dos tesouros ao seu redor. Sua casa. Sua paz de espírito. Sua saúde. Um momento que ternamente o repreende por perder tanto tempo com preocupações temporais como poupança, imóveis e pontualidade. Um momento que pode trazer uma névoa aos olhos mais durões e perspectiva à vida mais sombria.

Instantes eternos pontuaram a história.

Foi um instante eterno quando o Criador sorriu e disse: "Ficou bom". Foi um momento atemporal quando Abraão suplicou pela misericórdia do Deus da misericórdia: "E se apenas dez forem encontrados". Foi um momento sem tempo quando Noé abriu a escotilha encharcada de chuva e respirou o ar puro. E foi um momento na "plenitude do tempo" quando um carpinteiro, alguns pastores malcheirosos e uma jovem mãe exausta se maravilharam em silêncio à vista do bebê na manjedoura.

Instantes eternos. Você os teve. Nós todos os temos.

Dividir o balanço da varanda num entardecer de verão com seu neto.

Contemplar o rosto dela à luz de uma vela.

Juntar seu braço ao de seu marido enquanto vocês passeiam pelas folhas douradas e respiram o ar vívido de outono.

Ouvir seu filho de 6 anos agradecer a Deus por tudo, desde o peixinho dourado até a vovó.

Momentos assim são necessários porque nos lembram de que tudo vai bem. O Rei permanece no trono, e a vida permanece digna de ser vivida. Os instantes eternos nos lembram de que o amor permanece sendo o maior bem e nada temos a temer em relação ao futuro.

Da próxima vez que um instante em sua vida começar a ser eterno, permita. Coloque sua cabeça no travesseiro e mergulhe nele. Resista ao impulso de abreviá-lo. Não interrompa o silêncio nem despedace a solenidade. Você está, de forma muito especial, em solo sagrado.

Capítulo dezoito

O QUE VOCÊ VÊ?

"Quem me vê, vê o Pai."
JOÃO 14.9

Se um homem só vir popularidade, ele se torna um espelho, refletindo tudo o que precisa ser refletido a fim de obter aceitação. Embora em voga, ele é vago. Embora elegante, ele é entediante. Convicções pessoais mudam ao sabor da estação. Crenças individuais disponíveis em todas as cores, cada qual para uma noite diferente da semana. É uma marionete com milhares de cordas. Um cantor com centenas de canções, nenhuma de sua autoria. Sua aparência muda a fim de se adequar ao cenário de modo que, muitas vezes, ele se esquece de quem se propôs a ser. Ele é todo mundo e ninguém.

Se um homem só vir poder, ele se torna um lobo — espreitando, caçando e perseguindo o jogo ardiloso. O reconhecimento é sua presa, e as pessoas são seus prêmios. Sua busca é interminável. Há sempre outro mundo para conquistar ou outra pessoa para controlar. Como resultado, aquele que só vê o poder se degrada até virar um animal carnicento, controlado não por um desejo interior, mas pela sedução exterior.

Se um homem só vir prazer, ele se torna um perseguidor de emoções num parque de diversões, que só se sente vivo debaixo de luzes reluzentes, passeios selvagens e entretenimento inebriante. Com febre luxuriosa, ele corre de um lado para outro, satisfazendo sua paixão insaciável por sensações, somente a tempo de procurar a próxima. Rodas-gigantes de romance. Casas mal-assombradas de erotismo. Camicases de perigo e excitação. Muito depois de a multidão ir embora, ele ainda pode ser encontrado no chão do parque, revirando caixas vazias de pipocas e varetas de algodão-doce. É impulsionado pela paixão, disposto a vender a alma se for preciso por mais um agito, mais uma pulsação, mais um espetáculo que o afastará do mundo real de promessas quebradas e compromissos a manter.

Pessoas sedentas de popularidade, poder e prazer. O resultado é o mesmo: dolorosa insatisfação.

Somente ao ver seu Criador o homem se torna homem de fato. Pois, ao ver o Criador, o homem obtém o vislumbre do que ele deveria ser. Quem vê seu Deus, vê a razão para a morte e o propósito do tempo. Destino? Amanhã? Verdade? São todas perguntas ao alcance do homem que conhece sua fonte.

É vendo Jesus que o homem vê sua Fonte.

Parte II

Nossa imitação

"O discípulo [...] que for bem preparado será como o seu mestre."
Lucas 6.40

Capítulo dezenove

ELE ESQUECEU

Estava agradecendo ao Pai hoje por sua misericórdia. Comecei a listar os pecados que ele havia perdoado. Um a um, agradeci a Deus por perdoar meus tropeços e quedas. Minhas motivações eram puras, e meu coração era grato, mas meu entendimento de Deus, errôneo. Foi quando usei o verbo *lembrar* que me dei conta...

"O Senhor se lembra da vez em que eu..." Estava prestes a agradecer a Deus por outro ato de misericórdia. Mas me detive. Algo estava errado. O verbo *lembrar* parecia deslocado. Era uma nota fora de tom na sonata, uma palavra sem rima num poema. Era um jogo de futebol numa segunda-feira. Não combinava. "Será que ele se lembra?"

Então *eu* me lembrei. Lembrei-me de suas palavras: "E não me lembrarei mais dos seus pecados" (Hb 8.12).

Uau! Rapaz, *isso* sim é uma promessa e tanto.

Deus não apenas perdoa, ele esquece. Apaga a lousa. Destrói as provas. Queima o filme. Formata o computador.

Ele não se lembra dos meus erros. Para todas as coisas que Deus faz, existe algo que ele se recusa a fazer. Ele se recusa a manter uma lista dos meus erros. Quando peço perdão, ele não puxa uma prancheta e diz: "Mas eu já o perdoei por esse mesmo pecado 516 vezes".

Ele não se lembra.

"Como o Oriente está longe do Ocidente, assim ele afasta para longe de nós as nossas transgressões" (Sl 103.12).

"Porque eu lhes perdoarei a maldade" (Hb 8.12).

"Embora os seus pecados sejam vermelhos como escarlate, eles se tornarão brancos como a neve" (Is 1.18).

Não, ele não se lembra. Mas eu sim, e você também. Você ainda se lembra. Você é como eu. Ainda se lembra do que fez antes de ser transformado. No porão de seu coração se escondem os fantasmas dos pecados de ontem. Pecados que você confessou; erros dos quais se arrependeu; danos que fez seu melhor para reparar.

E, embora você seja uma pessoa diferente, os fantasmas ainda persistem. Embora tenha trancado a porta do subsolo, eles ainda o assombram. Flutuam em sua direção, assustando sua alma e roubando sua alegria. Sem uma única palavra, lembram você dos momentos em que se esqueceu de quem era seu Pai.

Aquela mentira horrenda.

Aquela viagem de negócios para longe de casa que o levou para muito longe de casa.

A vez em que você explodiu de raiva.

Aqueles anos comendo na palma da mão de Satanás.

Aquele dia em que você foi necessário, mas não respondeu.

Aquele encontro.

Aquela inveja.

Aquele hábito.

Poltergeists das armadilhas de ontem. Espectros rancorosos que sugerem, cheios de malícia: "Você foi realmente perdoado? É claro, Deus esquece a maioria de nossos erros, mas acha mesmo que ele poderia esquecer a vez em que você...".

Em razão disso, há um ligeiro coxear em sua caminhada espiritual. Ah, você ainda é fiel. Ainda faz todas as coisas certas e diz as palavras certas. Mas justamente quando começa a fazer progresso, quando as asas começam a se abrir e você se prepara para voar como uma águia, o fantasma aparece. Surge dos pântanos de sua alma e faz você questionar a si mesmo.

"Você não é capaz de lecionar numa escola bíblica com esse seu passado."

"Você, um missionário?"

"Como você se atreve a convidá-lo para ir à igreja? E se ele descobrir sobre a vez em que você caiu em pecado?"

"Quem é *você* para oferecer ajuda?"

O fantasma expele palavras irascíveis de acusação, ensurdecendo seus ouvidos para as promessas da cruz. E alardeia suas falhas em sua cara, bloqueando sua visão do Filho e deixando você com a sombra da dúvida.

Agora, seja honesto. Você acha mesmo que Deus enviou esse fantasma? Acha que Deus é a voz lembrando você da podridão de seu passado? Acha que Deus estava brincando quando disse: "E não me lembrarei mais dos seus pecados"? Será que ele estava exagerando quando disse que afastaria para longe os seus pecados, para tão longe quanto o leste é do oeste? Acredita mesmo que ele faria uma declaração como "eu lhes perdoarei a maldade" e depois puxaria nossa orelha quando pedíssemos ajuda?

É claro que não. Você e eu só precisamos de um lembrete ocasional da natureza de Deus, de sua natureza esquecedora.

Amar condicionalmente é contrário à natureza de Deus. Assim como comer árvores é contrário a minha natureza e ter asas é contrário a sua natureza, é contrário à natureza de Deus relembrar pecados perdoados.

Veja, ou Deus é o Deus da graça perfeita... ou ele não é Deus. A graça esquece. Ponto. Ele que é amor perfeito não pode guardar rancor. Se o fizer, então ele não é amor perfeito. E, se ele não é amor perfeito, você poderia muito bem fechar este livro e sair para pescar, porque nós dois estamos atrás de contos de fadas.

Mas eu acredito no esquecimento amoroso. E acredito que ele tem uma memória graciosamente péssima.

Pense nisto. Se ele não perdoasse, como poderíamos orar? Como cantaríamos para ele? Como ousaríamos entrar em sua presença se, no momento em que nos visse, ele se lembrasse de todo o nosso passado lastimável? Como entraríamos em sua sala do trono vestindo os trapos de nosso egoísmo e glutonaria? Não poderíamos.

E não iremos. Leia esta poderosa passagem da carta de Paulo aos gálatas e sinta o coração disparar. Prepare-se para emocionar-se: "Pois os que em Cristo foram batizados, de Cristo se revestiram" (Gl 3.27).

Você leu certo. Nós nos "revestimos" de Cristo. Quando Deus olha para nós, ele não nos vê; vê Cristo. Nós o "vestimos". Estamos ocultos nele; estamos cobertos por ele.

Presunçoso, você diria? Sacrílego? Seria, se fosse ideia minha. Mas não é; é dele. Somos presunçosos não ao nos maravilhar com sua graça, mas ao rejeitá-la. E somos sacrílegos não quando clamamos seu perdão, mas quando permitimos que os pecados assombrosos de ontem nos convençam de que Deus perdoa sem esquecer.

Faça a si mesmo um favor. Purifique seu porão. Exorcize seu subsolo. Pegue os pregos romanos do Calvário e tranque a porta.

E lembre-se: ele esqueceu.

Capítulo vinte

Encarando os fatos

Estou escrevendo de uma sala de hospital.

Estou sentado numa daquelas poltronas desconfortáveis de vinil que se convertem numa desconfortável cama de hóspedes de vinil. A menos de um metro de mim, minha esposa dorme. Ela retirou a vesícula biliar. Estamos aqui há quatro dias (quase cem horas). Denalyn se recupera bem. Mas, em razão da medicação, fica sonolenta a maior parte do tempo, de modo que tive uma boa oportunidade para fazer algumas observações. E cheguei a uma conclusão. E, uma vez que ela está dormindo e a enfermeira não parece muito a fim de papo, acho que escreverei minha conclusão. Deseja lê-la?

Um hospital é um microcosmo do mundo.

Por quê? Vou explicar.

De relance, um hospital parece ser um lugar excelente. Os lençóis são limpos e o pessoal é amigável. Enfermeiras vêm e vão com sorrisos afetuosos. Médicos de semblante gentil aparecem periodicamente usando belos sapatos e gravata. Amigos e familiares visitam trazendo flores bonitas e palavras carinhosas.

Há um número curiosamente grande de sorrisos aqui. Passei pelos corredores e fui saudado por voluntários sorridentes empurrando o carrinho de café. A loja de presentes no térreo está cheia de revistas com pessoas sorrindo na capa. A senhora que as vendia sorriu largamente para mim quando comprei uma. A recepcionista sorri quando você passa pela recepção.

Junto com os sorrisos e o conforto encontra-se a válvula de escape. A televisão está colocada perto do teto e, por meio dela, você pode escalar para o mundo exterior. Basta girar a chave e você está a bordo do Titanic ou assistindo ao jogo da seleção.

Sorrisos, eficiência, diversão. Já vi alguns *resorts* que não oferecem esse tipo de tratamento. Rapaz, você quase se esquece de onde está.

De fato, se não fossem os lembretes indisfarçáveis, você se esqueceria. Mas justamente quando você relaxa — logo quando começa a sorrir para si mesmo, quando dá risadas com as comédias na TV —, uma sirene o relembra. O grito do paciente na porta ao lado o relembra. Os paramédicos correndo com a maca para a sala de emergência o relembram.

E a lembrança é preocupante. Isto é um hospital. A única função deste prédio é barganhar com a morte. Os muros não conseguem ser brancos o suficiente nem a equipe educada o bastante para esconder a dura realidade: as pessoas vêm aqui para dar tudo o que têm a fim de prorrogar o inevitável.

Damos o nosso melhor. Dispomos do melhor que temos — a melhor tecnologia, os melhores cérebros, os melhores equipamentos; e, no entanto, na melhor das hipóteses saímos com uma prorrogação, nunca com a solução. E, embora possamos sair ou ser levados para fora com sorrisos e acenos de vitória, no fundo sabemos que é apenas uma questão de tempo até o melhor que temos não ser mais suficiente e o inimigo vencer.

Portanto, o hospital é um lugar paradoxal. Um lugar onde a realidade é escondida, porém não pode ser escondida porque a realidade é real demais.

Você presenciou a mesma coisa hoje em seu mundo, não viu? O roteiro foi o mesmo; apenas os acessórios eram diferentes. É por isso que eu cheguei a minha conclusão: nosso mundo é idêntico a um hospital. Já percebeu os infindáveis extremos a que se chega para ocultar a realidade da vida?

Pegue a velhice, por exemplo. Você conhece alguém que não envelheceu? Conhece alguém que é mais jovem hoje do que quando o conheceu? O envelhecimento é uma condição universal. Mas, considerando a maneira como tentamos escondê-lo, alguém pensaria que se trata de uma praga!

Existem cintas que compactam a propagação da meia-idade para ambos os sexos. Existem transplantes de cabelo, perucas, apliques e implantes. Dentaduras trazem juventude à boca, cremes contra rugas trazem juventude ao rosto, e a coloração num pote traz juventude ao cabelo.

Tudo para esconder algo que todos já sabem — estamos ficando velhos.

A morte é outra pedra no caminho. Não gostamos dela. (Se você quiser, algum dia, interromper uma conversa numa festa, basta dizer: "Como você se sente em relação a sua morte iminente?". A conversa vai, digamos, perder um pouco de vida.)

Tenho um amigo com câncer. No momento, o câncer está em remissão. Recentemente ele teve de ir ao médico para realizar um exame. A enfermeira, ao que parece, sem saber de sua condição, fazia perguntas para registrar no prontuário.

— Você está com alguma doença atualmente?

— Bem, sim. Eu tenho câncer.

Ela deixou cair o lápis e olhou para ele.

— Você se encontra em estado terminal? — perguntou ela.

— Sim, não é o caso de todos nós?

Pelo modo como o assunto é mantido em segredo, pode-se pensar que não.

Também tentamos nos disfarçar. É loucura. Pessoas do interior tentam parecer que são da cidade, e pessoas da cidade tentam parecer que são do interior. Mudamos nosso sotaque, mudamos nosso nariz; tentamos mudar até mesmo nosso nome — tudo para não ter de encarar quem somos.

Mas essa obsessão de fugir dos fatos é tão enlouquecedora quanto fútil. Pois, como no caso do hospital, a verdade sempre vem à tona. Uma sirena soa, fazendo a realidade sacudir-nos de nosso sono.

Um colega da época da faculdade se aposenta e você tem de admitir que, se ele está no outono da vida, você também está.

Você caminha com sua filha até o altar. "Quando foi que ela cresceu?".

Você acorda numa sala de emergência com o bip de uma máquina e encontra uma ventosa acoplada a seu peito.

Seja o acontecimento agradável ou doloroso, o resultado é o mesmo. A realidade irrompe por entre a máscara de papel machê e grita com você como um sargento da Marinha: "Você *está* ficando velho! Você *vai* morrer! Você não pode ser alguém que você não é!".

Os adereços são chutados para longe, e você cai de cabeça, batendo no chão duro dos fatos da vida. Você poderia também desligar a TV e tirar a roupa nova. A realidade levantou a cabeça como o monstro do lago Ness, e você já não pode negar sua existência.

O melhor que pode fazer agora é parar e pensar. Dê uma boa olhada nos fatos. E, enquanto os observa, seria inteligente olhar para ele. Para os que estão empoleirados no alto do monte Perspectiva, a majestade dele assume um significado especial.

Jesus realiza seu melhor trabalho em momentos assim. Exatamente quando a verdade sobre a vida afunda, a verdade dele começa a emergir. Ele nos pega pela mão e nos desafia não a varrer os fatos para debaixo do tapete, mas a confrontá-los com ele a nosso lado.

Envelhecer? Um processo necessário para passar para um mundo melhor.

Morte? Apenas uma breve passagem, um túnel.

Eu? Projetado e criado para um propósito, comprado pelo próprio Deus.

E aí, foi assim tão ruim?

Funerais, divórcios, doenças, e internações hospitalares — você não pode mentir a respeito da vida nessas ocasiões. Talvez seja por isso que ele está sempre presente em tais momentos.

Da próxima vez que se vir sozinho num beco escuro de frente para os fatos inegáveis da vida, não os cubra com um cobertor, nem os ignore com um sorriso nervoso. Não ligue a TV fingindo que eles não estão ali. Em vez disso, fique em pé, sussurre o nome dele, e ouça. Ele está mais perto do que você imagina.

Capítulo vinte e um

LUZ DO... ARMÁRIO DA DESPENSA?

Algumas noites atrás aconteceu algo peculiar.

Uma tempestade provocou um apagão em nosso bairro. Quando as luzes se apagaram, tateei no meio da escuridão até o armário em que guardávamos as velas para situações como essa. Por meio da luz de um fósforo aceso, olhei na prateleira onde ficavam as velas. Lá estavam elas, já posicionadas em seus lugares, derretidas em vários níveis devido a missões anteriores. Peguei os fósforos e acendi quatro velas.

E como iluminaram a despensa! O que antes era um véu de escuridão, de repente irradiava com luz suave e dourada! Podia ver o *freezer* no qual havia acabado de bater o joelho. E podia ver minhas ferramentas que precisavam ser consertadas.

— Como é ótimo ter luz! — disse em voz alta. Depois me dirigi às velas. — Se vocês fazem um trabalho tão bom aqui no armário, esperem só até eu levá-las para onde são realmente necessárias! Colocarei uma de vocês na mesa para que possamos comer. Outra de vocês ficará no meu escritório para que eu possa ler. Darei uma de vocês a Denalyn para que ela possa costurar. E deixarei você — disse para a maior — na sala de estar, onde pode iluminar todo o cômodo.

(Eu me sentia meio bobo por conversar com velas — mas o que você faz quando as luzes se apagam?)

Estava me virando para sair com a vela maior quando escutei uma voz.

— Ei, deixe essa vela aí.

Parei por um instante. "Alguém está aqui", pensei. Depois relaxei. "Deve ser Denalyn, gracejando comigo por conversar com velas."

— OK, querida, chega de brincadeira — eu disse na semiescuridão. Nenhuma resposta. "Humm, talvez fosse o vento." Dei outro passo.

— Eu disse para deixá-la aí!

Havia uma voz. Minhas mãos começaram a suar.

— Quem disse isso?

— Eu disse.

A voz vinha de perto da minha mão.

— Quem é você? O que é você?

— Eu sou uma vela.

Olhei para a vela em minhas mãos. Uma chama forte e dourada ardia. Era vermelha e ficava num pesado suporte de madeira contendo uma alça firme.

Olhei ao redor mais uma vez para conferir se a voz estaria vindo de outro lugar.

— Não há mais ninguém aqui, além de você e de mim, e o restante de nós, velas — a voz me informou.

Levantei a vela para olhar mais de perto. Você não vai acreditar no que vi. Havia uma pequena face na cera da vela. (Falei que você não acreditaria em mim.) Não apenas um rosto de vela esculpido por alguém, mas um rosto em ação, movendo-se, cheio de expressão e vida.

— Não me tire daqui!

— Quê?

— Eu disse para não me tirar deste armário.

— Que você quer dizer? Eu tenho de tirar você daqui. Você é uma vela. Seu trabalho é iluminar. Está escuro do lado de lá. As pessoas estão roendo as unhas e subindo nas paredes. Você tem de sair daqui e iluminar o local!

— Mas você não pode me levar para lá. Eu não estou pronta — explicou a vela com olhos de súplica. — Preciso de mais preparo.

Não conseguia acreditar no que estava ouvindo.

— Mais preparo?

— Sim, eu decidi que preciso pesquisar esse negócio de iluminar para que eu não saia por aí fazendo um monte de bobagem. Você ficaria surpreso se soubesse como o brilho de uma vela destreinada pode ser distorcido. Por isso estou fazendo alguns estudos. Acabei de terminar um livro sobre resistência ao vento. Estou no meio de uma ótima série de vídeos sobre acúmulo de pavio e conservação, e estou lendo o novo sucesso de vendas sobre exibição de chamas. Já ouviu falar dele?

— Não — respondi.

— Você talvez apreciasse. Chama-se *Eloquência encerada.*

— Isso soa bastante interessante... — Então caí na real. "O que estou fazendo? Estou aqui conversando com uma vela enquanto minha esposa e filhas estão lá no escuro!"

— Tudo bem, então — disse. — Você não é a única vela na prateleira. Vou assoprar você e levar as outras!

No momento em que enchi minhas bochechas de ar, contudo, escutei outras vozes:

— Nós também não vamos!

Era uma conspiração. Virei-me e olhei para as outras três velas, cada qual com chamas dançando sobre seu rosto em miniatura.

Estava me sentindo mais que desconfortável nisso de conversar com velas. Comecei a ficar irritado.

— Vocês são velas, e seu trabalho é iluminar lugares escuros!

— Bem, essa pode ser sua opinião — disse a vela na extremidade esquerda, um sujeitinho bem alto, magro, com cavanhaque e sotaque clássico. — Pode ser que, em sua opinião, nós tenhamos de ir, mas eu estou ocupado.

— Ocupado?

— Sim, estou meditando.

— O quê? Uma vela que medita?

— Sim. Estou meditando na importância da luz. É realmente esclarecedor.

Decidi argumentar com elas.

— Ouçam, eu aprecio o que vocês estão fazendo. Dou total apoio para um tempo de meditação. E todo mundo precisa estudar e pesquisar; mas, pelo amor de Deus, vocês estão aqui há semanas! Já não tiveram tempo suficiente para ajeitar seu pavio? E vocês duas? — perguntei. — Vocês também vão permanecer aqui?

Uma vela pequena, roliça, de cor púrpura com bochechas rechonchudas que me faziam lembrar o Papai Noel, falou:

— Estou esperando minha vida ficar em ordem. Não sou estável o suficiente. Perco a paciência com facilidade. Acho que você poderia dizer que eu sou meio cabeça quente.

A última vela tinha uma voz musical, muito agradável de ouvir.

— Eu gostaria de ajudar — explicou ela. — Mas iluminar a escuridão não é meu dom.

Aquela história toda começou a soar familiar.

— Não é seu dom? O que você quer dizer?

— Bem, sou uma cantora. Eu canto para as outras velas a fim de encorajá-las a brilhar mais intensamente.

Sem pedir minha permissão, ela começou uma versão do hino “Brilha no meio do teu viver”. (Tenho de admitir, tinha uma bela voz.)

As outras três se juntaram, enchendo o cômodo de música.

— Ei — gritei por sobre a música — eu não me importo se vocês cantarem durante o trabalho! Na verdade, poderíamos mesmo usar um pouco de música ali!

Elas não me ouviram. Estavam cantando alto demais. Eu berrei com ainda mais força.

— Vamos lá, pessoal. Existe tempo de sobra para isso mais tarde. Temos uma crise aqui.

Elas não pararam. Coloquei a vela maior na prateleira, dei um passo para trás e analisei o absurdo daquilo tudo. Quatro velas perfeitamente saudáveis cantando uma para a outra sobre brilhar, mas se recusando a sair do lugar. Fiz tudo o que podia. Uma por uma eu as apaguei. Continuaram cantando até o fim. A última a piscar foi a de voz feminina. Soprei sobre ela bem na parte do hino que dizia "jazem na negra escuridão".

Coloquei as mãos no bolso e caminhei de volta no escuro. Bati o joelho no *freezer* de novo. Depois, trombei com minha esposa.

— Onde estão as velas? — perguntou ela.

— Elas não... elas não funcionam. Onde você comprou aquelas velas, aliás?

— Ah, elas são da igreja. Lembra-se da igreja que fechou as portas no outro lado da cidade? Eu as comprei lá.

Eu entendi.

Capítulo vinte e dois

Ambição cega

A cena é quase fantasmagórica: uma torre alta e incompleta surgindo isolada numa planície poeirenta. Sua base é larga e forte, mas coberta de ervas daninhas. Pedras grandes, originalmente destinadas a ser usadas na torre, jazem abandonadas no chão. Baldes, martelos e polias — tudo esquecido ali. A silhueta projetada pela estrutura é esguia e solitária.

Não muito tempo atrás, a torre era vibrante, cheia de agitação. Quem passasse por ali ficaria impressionado com a construção do primeiro arranha-céu do mundo, a pleno vapor. Um grupo de trabalhadores remexia a argamassa fresca. Outra equipe retirava os tijolos do forno. Um terceiro grupo carregava os tijolos para o local da construção enquanto uma quarta equipe levava nos ombros a carga, ao longo de uma subida sinuosa até o topo da torre, onde firmavam os tijolos no lugar.

Era um formigueiro humano. Cada operário conhecia seu trabalho e o executava bem.

Uma torre — este era o sonho deles. Uma torre mais alta do que alguém jamais teria sonhado. Uma torre que perfuraria as nuvens e arranharia os céus. E qual era o propósito da torre? Glorificar a Deus? Não. Tentar encontrar Deus? Não. Convidar as pessoas a olhar para Deus? Tente de novo. Proporcionar um refúgio celestial de oração? Continua errado.

O propósito da obra foi o que causou sua eventual interrupção. O método era apropriado. O plano era eficaz. Mas a motivação estava errada. Absolutamente errada. Leia esta ata da "Reunião do Comitê de Planejamento da Torre" e perceba o que quero dizer:

"Vamos construir uma cidade, com uma torre que alcance os céus. Assim [preste atenção] nosso nome será famoso" (Gn 11.4).

Por que a torre estava sendo construída? Egoísmo. Egoísmo puro, 100% de egoísmo. Os tijolos eram feitos de egos inflados, e a argamassa, de orgulho. Os homens estavam dando suor e sangue por uma pilastra. Por quê? Para que o nome de alguém pudesse ser lembrado.

Existe um nome para isso: ambição cega. Sucesso a todo custo. Tornar-se uma lenda. Ascender ao topo da escada. O rei da montanha. O alto da pirâmide. "Fui eu que fiz."

Nós exaltamos como heróis pessoas que são ambiciosas. Nós as elevamos como modelos para nossos filhos e colocamos suas fotos nas capas de nossas revistas.

E com razão. Este mundo estaria em péssimo estado sem pessoas que sonham tocar os céus. A ambição é aquela semente na alma que gera desencanto com o que é comum e implanta a ousadia nos sonhos.

Não controlada, porém, torna-se um aditivo insaciável de poder e prestígio; uma fome rugindo pela realização, que devora pessoas como um leão devora uma presa, deixando para trás somente os restos esqueléticos dos relacionamentos.

Os exemplos clássicos de míopes construtores de torre logo vêm à mente. Você vai reconhecê-los, talvez até bem demais.

O marido que alimenta sua carreira com trabalho de doze horas por dia, agenda repleta de voos, e desculpas por passar tanto tempo longe. "Mas é só uma questão de tempo, e tudo vai se acertar."

A mãe de três filhos cheia de consciência social que nunca perde uma oportunidade de servir numa comissão ou de participar de um almoço. "É tudo por uma boa causa", ela engana a si mesma.

"Só precisarei fazer isso desta vez", justifica-se o vendedor ao mentir sobre seu produto. Qualquer coisa para chegar ao topo da torre.

Ambição cega. Valores distorcidos.

O resultado? Vidas desenraizadas girando como feno ao vento numa cidade fantasma. Sonhos abandonados. Lares destroçados. Futuros assolados. Todos com algo em comum: uma torre semiacabada que se mantém como comovente epitáfio para futuras gerações.

Deus não vai tolerar isso. Ele não tolerou antes e não vai tolerar agora. Ele pega a "Campanha Escale o Céu" nas mãos. Com uma demão da tinta cinzenta de confusão, ele pinta a torre, espalhando trabalhadores balbuciantes em todas as direções. Ele pegou a maior realização do homem e a soprou aos ventos como uma criança sopra um dente-de-leão.

Você está construindo alguma torre? Examine suas motivações. E lembre-se da declaração gravada na base da extirpada Torre de Babel: a ambição cega é um enorme passo para longe de Deus e um passo para mais perto da catástrofe.

Capítulo vinte e três

Alertas

Eu fiquei louco. Louco mesmo. O tipo de loucura que faz a mandíbula doer. Mas eu não tinha ninguém com quem ficar louco a não ser comigo mesmo.

Tinha visto aquela luz boba acendendo no painel do carro durante dias. E durante dias eu a ignorei. Ocupado demais. "Vou levar o carro para o mecânico amanhã." Mas o amanhã nunca chegou. A luz continuava a acender, agitando inutilmente bandeiras vermelhas diante de meus olhos cegos. Havia algo errado, mas eu tinha coisas demais a fazer.

"Da próxima vez prestarei atenção", murmurei para mim mesmo. A lanterna que eu segurava devia parecer um vagalume dançante para os veículos que passavam. A situação não era nada boa: uma noite fria de inverno, encalhado numa estrada no interior do Brasil com minha esposa, grávida, e minha filha.

Minha respiração virou fumaça quando coloquei o corpo para fora sinalizando aos carros. Prometi a mim mesmo que jamais ignoraria um alerta novamente.

Alertas. Luzes vermelhas que nos indicam o perigo iminente. Existem em todas as partes da vida. Sirenes berram quando um casamento começa a azedar; alarmes disparam quando a fé enfraquece; labaredas se erguem para nos alertar do comprometimento moral.

Manifestam-se de várias formas: culpa, depressão, argumentação. Um amigo pode confrontar. Uma passagem bíblica pode espicaçar. Um fardo pode provar-se demasiadamente pesado. Seja como chegarem, os alertas vêm com o mesmo propósito: alertar — despertar.

Infelizmente, nem sempre são atendidos. Todos nós aprendemos a tampar nossos ouvidos e cobrir nossos olhos no momento certo. É impressionante nossa habilidade em ignorá-los. Os alertas podem ser tão contundentes quanto uma marreta e, ainda assim, viramos a cabeça e saímos assobiando. Temos o suficiente de malandragem em nós para acreditar que somos a tal exceção da regra.

É como se houvesse em nosso cérebro uma recepcionista em miniatura instruída a interceptar todos os alertas e arquivá-los nas gavetas apropriadas. Consegue imaginar a cena?

— Olá. Departamento de Triagem. Posso ajudá-lo?

— Sim. Aqui é o espectro de segurança. Estou ligando para avisar o sr. Lucado de que ele está dirigindo rápido demais.

— Lamento. O sr. Lucado deixou instruções de que esse aviso em particular se destinava ao "outro cara" que não é tão experiente em rodovias.

Ou:

— Olá. É do quartel-general? Aqui é o Departamento de Saúde. Por favor, avise o sr. Lucado que ele precisa desesperadamente repousar.

— Tenho certeza que ele vai repousar... amanhã.

Ou talvez:

— Aqui é a consciência do sr. Lucado.

— Lamento, o sr. Lucado pediu para avisar que seu horizonte vem se expandindo e não pretende retornar sua ligação.

Ou:

— Aqui é da Seção de Convicções Pessoais. Preciso providenciar que o sr. Lucado leia o livro de Tiago nas próximas 24 horas. Há um par de coisas que ele precisa lembrar.

— Vou verificar a agenda dele. Hum... A próxima vez que o sr. Lucado estará livre para ler a Bíblia é mês que vem. Contudo, ele tem algumas partidas de golfe agendadas. Existe a possibilidade de você conversar com ele a caminho do clube?

E até mesmo:

— Aqui é a Fé do sr. Lucado ligando para lembrá-lo de que... Alô? Alô? Que estranho, a linha caiu.

Alertas intermitentes a nosso respeito sendo ignorados, enquanto cochilamos numa canoa que vai desembocar nas cataratas do Niágara.

Muitas vezes ficamos surpresos com os percalços da vida, mas, quando pressionados contra a parede da honestidade, temos de admitir que, se tivéssemos simplesmente despedido aquela recepcionista insensata e feito algo acerca das ligações, poderíamos evitar muitos problemas. Em geral, sabíamos que a confusão estava logo ali. Os cristãos que caem em pecado sentiram o fogo minguando muito antes de se extinguir. A gravidez indesejada ou o acesso de raiva podem parecer frutos de um capricho do momento, mas, na realidade, são normalmente o resultado de um histórico de alertas ignorados sobre o incêndio iminente.

Você está próximo das cataratas? Seus sentidos estão entorpecidos? Seus olhos estão treinados para girar e rolar quando deveriam parar e observar?

Então talvez você precise reparar seu detector de alertas. Sintonize-se com algumas precauções das Escrituras. Tenha cuidado com:

Meter o nariz na vida alheia.

> Como alguém que pega pelas orelhas um cão qualquer, assim é quem se mete em discussão alheia.
>
> Provérbios 26.17

Encontros de uma noite.

> Pois o preço de uma prostituta é um pedaço de pão, mas a adúltera sai à caça de vidas preciosas. Pode alguém colocar fogo no peito sem queimar a roupa? Pode alguém andar sobre brasas sem queimar os pés? Assim acontece com quem se deita com mulher alheia; ninguém que a toque ficará sem castigo.
>
> Provérbios 6.26-29

Bíblias cobertas de poeira.

> Por isso é preciso que prestemos maior atenção ao que temos ouvido, para que jamais nos desviemos.
>
> Hebreus 2.1

Uma fugidinha secreta que você acha que passará despercebida.

> Não se deixem enganar: de Deus não se zomba. Pois o que o homem semear, isso também colherá.
>
> Gálatas 6.7

Escolher um cônjuge ruim.

> Melhor é viver no deserto do que com uma mulher briguenta e amargurada.
>
> Provérbios 21.19

O efeito venenoso da fofoca.

> As palavras do caluniador são como petiscos deliciosos; descem saborosos até o íntimo.
>
> Provérbios 26.22

Más companhias.

As más companhias corrompem os bons costumes.

1Coríntios 15.33

Negar a Cristo.

"Mas aquele que me negar diante dos homens, eu também o negarei diante do meu Pai que está nos céus."

Mateus 10.33

A falta de disciplinar os filhos.

Não evite disciplinar a criança; se você a castigar com a vara, ela não morrerá. Castigue-a, você mesmo, com a vara, e assim a livrará da sepultura.

Provérbios 23.13-14

Três alertas sobre ignorar alertas.

Se você parar de ouvir a instrução, meu filho, irá afastar-se das palavras que dão conhecimento.

Provérbios 19.27

Pois o mandamento é lâmpada, a instrução é luz, e as advertências da disciplina são o caminho que conduz à vida.

Provérbios 6.23

O orgulho só gera discussões, mas a sabedoria está com os que tomam conselho.

Provérbios 13.10

Alertas divinos. Todos inspirados por Deus e testados pelo tempo. São seus, para fazer com eles o que desejar. São luzes vermelhas em seu painel. Preste atenção neles e aproveite ao máximo a segurança. Ignore-os, e eu passarei por você no acostamento da estrada.

Capítulo vinte e quatro

DIA DOS PAIS: UM TRIBUTO

Hoje é Dia dos Pais. Um dia de água de colônia. Um dia de abraços, gravatas novas, ligações telefônicas interurbanas e cartões de parabéns.

Hoje é meu primeiro Dia dos Pais sem um pai. Durante 31 anos eu tive um pai. Um dos melhores. Mas agora ele se foi. Está sepultado à sombra de um carvalho num cemitério do Texas. Apesar de ter partido, sua presença está muito próxima — especialmente hoje.

Parece estranho ele não estar aqui. Acho que é porque ele nunca esteve longe. Sempre esteve por perto. Sempre disponível. Sempre presente. Suas palavras não eram nada fora do comum. Seus feitos, embora admiráveis, não tinham nada de extraordinário.

Mas sua presença sim.

Como uma lareira crepitante numa casa imensa, ele era a fonte de conforto. Como o balanço firme da varanda ou o olmo de galhos enormes no quintal, ele sempre estava ali e podia servir de apoio.

Durante os turbulentos anos de minha adolescência, papai era parte do que havia de previsível em minha vida. Namoradas iam e vinham, mas papai permanecia ali.

A fase de futebol se tornava a fase de beisebol e depois voltava a ser a fase de futebol e papai sempre estava ali. Férias de verão, retorno para casa, álgebra, primeiro carro, basquete na garagem, tudo com algo em comum: a presença dele.

E, estando ele ali, a vida prosseguia suavemente. O carro sempre andava, as contas eram pagas, e a grama permanecia cortada. Estando ele ali, o riso era puro, e o futuro seguro. Estando ele ali, meu crescimento se dava como Deus pretendia; um livro de histórias relatando um passeio veloz em meio à mágica e ao mistério do mundo.

Estando ele ali, nós, os filhos, nunca nos preocupávamos com coisas como imposto de renda, poupança, contas mensais ou hipotecas. Isso ficava a cargo da mesa do papai.

Temos um monte de retratos da família sem ele. Não porque ele não estivesse ali, mas por sempre estar atrás da câmara.

Ele tomava as decisões, acabava com as brigas, ria dos seriados de TV, lia o jornal todas as noites, e preparava o café da manhã aos domingos. Não fazia nada de anormal. Só fazia o que se espera dos pais — estar presente.

Ensinou-me a fazer a barba e a orar. Ajudou-me a decorar versículos para a escola dominical e ensinou-me que o erro deve ser punido e que a justiça tem sua recompensa. Demonstrou a importância de levantar cedo e não contrair dívidas. Sua vida expressava o ardiloso equilíbrio entre a ambição e a autoaceitação.

Ele sempre vem à mente. Quando sinto cheiro de loção pós-barba, penso nele. Quando vejo um barco de pesca, avisto sua face. E de vez em quando, não com muita frequência, mas de vez em quando, quando ouço uma boa piada (do tipo que o comediante Red Skelton contava), ouço sua risada. Ele tinha uma risada peculiar que sempre era acompanhada de um sorriso largo e sobrancelhas arqueadas.

Papai nunca me disse uma palavra sobre sexo nem me contou a sua história de vida. Mas eu sabia que, se desejasse, ele me contaria. Tudo que eu tinha de fazer era perguntar. E eu sabia que, se precisasse dele, ele estaria ali.

Como uma lareira crepitante.

Talvez seja por isso que este Dia dos Pais está meio frio. O fogo se apagou. Os ventos da idade engoliram a última chama esplêndida, deixando apenas brasas douradas. Mas há algo estranho em relação a essas brasas: agite-as e uma chama começa a dançar. Dançará bem brevemente, mas dançará. E afastará o frio do ar, somente o bastante para me fazer lembrar que ele continua — de maneira especial — muito presente.

Capítulo vinte e cinco

Carro família da fé

Para um arremessador extraordinário, ele realizou poucos feitos extraordinários. Embora veterano de 21 temporadas, em somente uma ele venceu mais que vinte jogos. Nunca venceu uma partida invicto e apenas em uma ocasião liderou a liga em alguma categoria.

Contudo, em 21 de junho de 1986, Don Sutton se equiparou às verdadeiras lendas do beisebol ao tornar-se o trigésimo arremessador a vencer trezentos jogos.

A análise que ele fez de seu êxito é digna de nota.

"Um moinho e um mecânico" é como ele chama a si mesmo. "Nunca me considerei chamativo nem excepcional. Mas toda a minha vida descobri um jeito de realizar meu trabalho".

E foi o que ele fez. Ao longo de duas décadas, seis mandatos presidenciais e quatro trocas de time, ele fez de forma consistente aquilo que se espera dos arremessadores: vencer jogos. Com dedicação ferrenha, passou 21 temporadas redefinindo o termo "grandeza".

Segundo a revista *Inside Sports*, chamavam-no de "carro família" do beisebol. A conotação é precisa. Ele certamente não se gabava de ter o estilo Ferrari de Denny McClan nem o brilho Mercedes de Sandy Koufax, mas, enquanto eles e seus modelos estavam estacionados em museus ou garagens, Don Sutton continuava ali.

Ele nos lembra a característica que é o denominador comum em qualquer forma de grandeza: confiabilidade.

É o arroz com feijão do sucesso. É o ingrediente por trás de premiações de aposentadoria, Hall da Fama e jantares comemorativos. É a qualidade que produz não heróis momentâneos, mas vidas monumentais.

A Bíblia possui sua cota de carros família. Consistentes e previsíveis, esses santos eram motivados por uma convicção intrínseca de terem sido chamados por ninguém menos que o próprio Deus. Como resultado, sua obra não era afetada por humor, dias chuvosos ou trilhas rochosas. Seu gráfico de desempenho não subia e caía com a irregularidade de uma montanha-russa. Não eram viciados em elogios ou aplausos nem desanimados por chefes mal-humorados ou carteiras vazias. Em vez de lutarem para ser espetaculares, aspiravam a ser responsáveis e confiáveis. E tendo em vista que sua lealdade não era determinada por seu conforto, eram tão fiéis em prisões sombrias como em púlpitos iluminados.

Servos fidedignos. São a encadernação da Bíblia. Seus atos são raramente citados e seus nomes poucas vezes mencionados. No entanto, não fosse sua devoção leal a Deus, vários acontecimentos importantes jamais teriam ocorrido. Eis alguns exemplos.

André não era o palestrante oficial da cruzada do Pentecoste. Ele provavelmente não estava no palanque, na programação, ou talvez nem mesmo no comitê de planejamento. Mas, se não estivesse alerta alguns anos antes, Pedro, o poderoso pregador, talvez não passasse de Pedro, o impetuoso pescador. Levando em conta o fato de ser apóstolo, André é mencionado um número surpreendentemente pequeno de vezes. Contudo, toda vez que é mencionado, ele está fazendo a mesma coisa: apresentando alguém a Jesus. Sem luzes, sem púlpitos, sem resenhas, mas com um belo epitáfio (Jo 1.42; 6.8-9; 12.21-22).

Epafrodito estaria nessa lista. "Epafro-quem?", você diz. Pergunte ao apóstolo Paulo. Ele lhe dará a pronúncia correta. Também lhe dará uma referência de caráter (Fp 2.25-30; 4.18). Para descrever esse camarada do nome de cinco sílabas, Paulo usou palavras mais sucintas como *irmão*, *cooperador*, *companheiro de lutas* e *mensageiro*. Você não conquista elogios assim aparecendo de vez em quando no encontro de jovens ou nos piqueniques da igreja. Esses são cumprimentos obtidos ao longo de anos e lágrimas. Mas o maior elogio de Paulo a Epafrodito foi expresso nas seguintes palavras: "Ele quase morreu por amor à causa de Cristo". Pode apostar que Paulo, que sabia o que significava morrer por uma causa, não subestimava o sacrifício. Após escrever a frase, ele deve ter se recostado na parede da prisão e sorrido para a imagem mental de seu velho companheiro de estrada. Epafrodito. A única coisa maior que seu nome era sua confiabilidade.

Seu cabelo é grisalho. A pele, enrugada. É possível que sua mão trema ao tocar o rosto do bebê. Mas não há nada de senil em suas palavras. "É ele. O Messias." Ana deveria saber. Ela esteve orando e jejuando por aquele dia havia oito décadas. Servos fiéis têm um jeito de conhecer a oração respondida quando a veem, e um jeito de não desistir quando isso não acontece.

Fidedignos. *Fide* significa confiança. *Digno* significa merecedor de.

Fico imaginando se este livro caiu nas mãos de santos fidedignos contemporâneos. Se for o caso, não posso resistir à oportunidade de dizer duas coisas.

A primeira?

Obrigado.

Obrigado, senhores santos, por uma geração de oração e esclarecimento.

Obrigado, professoras, pelas incontáveis aulas na escola dominical, preparadas e ensinadas com ternura.

Obrigado, missionários, por sua bravura em partilhar a verdade atemporal numa língua estrangeira.

Obrigado, pregadores. Vocês pensavam que não estávamos prestando atenção, mas estávamos. E sua teimosa semeadura da semente de Deus vem dando frutos que vocês talvez jamais vejam deste lado da grande colheita.

Obrigado a todos que praticam na segunda-feira o que ouvem no domingo. Vocês passam horas abnegadas com órfãos, em máquinas de escrever, em reuniões do conselho, de joelhos, em hospitais, longe da família, e em linhas de montagem. É no dorso de sua fidelidade que o evangelho cavalga.

Obrigado por serem os carros família da sociedade. Vocês podem ser convocados nas manhãs frias, e entregarão as mercadorias. Podem ser enviados para terrenos acidentados, e chegarão a tempo. Podem percorrer quilômetros sem os mimos de uma boa polida ou o luxo de regulagem, e nunca reclamar. Vocês fazem o trabalho.

Eu disse que tinha duas coisas a dizer. Qual é a segunda?

Continuem arremessando. Seu Hall da Fama está logo ali.

Capítulo vinte e seis

INSULTOS INSENSÍVEIS

A insensibilidade provoca uma ferida de lenta cicatrização. Se alguém machuca seus sentimentos de forma intencional, você sabe como reagir. Você conhece a fonte da dor. Mas, se alguém fere sua alma acidentalmente, é difícil saber qual reação tomar.

Alguém no trabalho critica o novo chefe que, por acaso, é seu amigo íntimo. "Oh, desculpe-me, esqueci que vocês dois eram tão próximos."

Uma piada sobre pessoas acima do peso é contada numa festa. Você está acima do peso. Ouviu a piada. Sorri educadamente enquanto seu coração afunda.

O que era para ser uma reprimenda por uma decisão ou ação se transforma num ataque pessoal. "Essa não é a sua primeira decisão ruim, João."

Alguém escolhe lavar sua roupa suja em público. "Sueli, é verdade que você e o Beto estão separados?"

Comentários insensíveis. Pensamentos que deviam permanecer pensamentos. Sentimentos que não tinham por que ser expressos. Opiniões descuidadamente arremessadas como granada na multidão.

E se você fosse contar à pessoa que lançou esses dardos impensados sobre a dor causada, a resposta seria: "Oh, mas eu não tinha a intenção... Não sabia que você era tão sensível!" ou "Esqueci que você estava aqui".

De certa forma, as palavras são reconfortantes, até você parar para pensar nelas (o que não é recomendado). Pois, quando você começa a pensar nos insultos insensíveis, dá-se conta de que vieram de uma família infame cujo pai produziu gerações de dor. Seu nome? Egoísmo. Seus filhos? Três: descaso, desrespeito e decepção.

Esses três bruxos se uniram para envenenar incontáveis relacionamentos e magoar inúmeros corações. Entre suas armas encontra-se a artilharia mais cruel de Satanás: fofoca, acusações, ressentimento, impaciência, e assim por diante. E alistada sob a maré de *subterfúgio* está o veneno da insensibilidade.

Chama-se subterfúgio porque é muito sutil. Um mero deslize da língua. Um pequeno lapso de memória. Ninguém tem culpa. Ninguém sai ferido.

Talvez sim. Talvez não. Porque, assim como os ofensores inocentes seguem em frente se desculpando por coisas feitas sem intenção de magoar, uma alma ferida é largada na poeira, totalmente confusa. "Se ninguém teve a intenção de me ferir, então por que eu me magoo tanto?"

A Palavra de Deus contém um remédio enérgico para aqueles que sacodem a língua de forma descuidada.

> Assim também, a língua é um fogo; é um mundo de iniquidade. Colocada entre os membros do nosso corpo, contamina a pessoa por inteiro, incendeia todo o curso de sua vida, sendo ela mesma incendiada pelo inferno.
>
> Tiago 3.6

> Quem é cuidadoso no que fala evita muito sofrimento.
>
> Provérbios 21.23

> Quem guarda a sua boca guarda a sua vida, mas quem fala demais acaba se arruinando.
>
> Provérbios 13.3

> Quando são muitas as palavras, o pecado está presente, mas quem controla a língua é sensato.
>
> Provérbios 10.19

A mensagem é clara: Quem se atreve a chamar a si mesmo de embaixador de Deus não possui o luxo de usar palavras indolentes. Desculpas como "não sabia que você estava aqui" ou "não sabia que você era tão sensível" são vazias quando saem daqueles que afirmam ser seguidores e imitadores do Grande Médico. Temos a responsabilidade dobrada de vigiar nossa língua.

Estas medidas práticas removerão palavras descuidadas de sua boca.

1. Nunca conte piadas caluniosas.
2. Nunca critique alguém em público, exceto a si mesmo: expresse sua decepção com outra pessoa em particular; se não adiantar, leve alguém com você para discutir a ofensa com a pessoa, e só então fique absolutamente convencido de que a repreensão pública se faz necessária e pode ser útil.
3. Nunca diga na ausência de alguém algo que você não diria na presença da pessoa.

Insultos insensíveis podem ser acidentais, mas não são desculpáveis.

Capítulo vinte e sete

Uma canção no escuro

Em qualquer outro dia eu provavelmente não teria parado. Assim como a maioria das pessoas na avenida movimentada, eu dificilmente haveria notado o sujeito em pé ali. Mas a razão de ele estar ali era a mesma coisa que estava ocupando minha mente; então eu parei.

Eu tinha acabado de passar parte da manhã preparando uma lição baseada em João 9, o capítulo que narra a história do cego de nascença. Havia almoçado e estava voltando para meu escritório quando o vi. Ele estava cantando. A mão esquerda segurava uma bengala de alumínio; a mão direita estava estendida e aberta, aguardando doações. Ele era cego.

Depois de me afastar dele cerca de cinco passos, parei e resmunguei alguma coisa para mim mesmo sobre o epítome da hipocrisia e voltei em sua direção. Coloquei algumas moedas em sua mão. "Obrigado", ele disse, e depois me ofereceu uma saudação comum no Brasil: "Deus te abençoe". Desejo irônico.

Mais uma vez eu segui meu caminho. Mais uma vez o estudo matinal de João 9 me deteve. "Jesus viu um cego de nascença." Parei e refleti. Se Jesus estivesse aqui, ele *veria* o homem. Não estou certo do que isso significava. Mas estava certo de que eu não tinha visto. Então, dei meia-volta.

Como se a doação que lhe fiz me desse o direito a tal, parei atrás de um carro nas proximidades e observei. Desafiei-me a vê-lo. Ficaria ali até ver mais que um indigente sem visão numa avenida movimentada no centro do Rio de Janeiro.

Eu o observei cantar. Alguns mendigos se ajoelham num canto, cultivando piedade. Outros descaradamente colocam seus filhos nos cobertores no meio da calçada, imaginando que somente o mais frio dos corações ignoraria uma criança nua e suja pedindo pão.

Mas esse homem não fez nada disso. Ele se levantou. Ficou em pé. E cantou. Em alta voz. Até com orgulho. Todos nós tínhamos mais motivos para cantar que ele, mas só ele estava cantando. Sobretudo canções populares. Em certo momento achei que ele estava cantando um hino, embora eu não tivesse certeza.

Sua voz rouca soava deslocada no meio da agitação do comércio. Como um pequeno pardal que encontra seu lugar numa fábrica barulhenta, ou um filhote perdido numa rodovia interestadual, seu canto invocava um casamento estranho entre progresso e simplicidade.

Os transeuntes tinham reações diversas. Alguns ficavam curiosos e olhavam sem pudor. Outros ficavam incomodados. Passavam rápidos de cabeça baixa ou passavam ao largo da calçada. "Não quero saber de maldade hoje, por favor." A maioria, contudo, nem o percebia. A mente ocupada, a agenda cheia, e ele, afinal... Bem, ele era um mendigo cego.

Dei graças a Deus por ele não poder ver o modo como o olhavam.

Após alguns minutos, fui até ele novamente. "Você já almoçou?", perguntei. Ele parou de cantar. Voltou a cabeça para a minha voz e dirigiu seu rosto para algum lugar perto de meu ouvido. As órbitas de seus olhos estavam vazias. Disse que estava com fome. Fui até um restaurante próximo e lhe comprei um sanduíche e algo gelado para beber.

Quando voltei, ele ainda estava cantando e suas mãos continuavam vazias. Agradeceu pela comida. Sentamo-nos num banco próximo. Entre as mordidas, contou-me sobre si mesmo. Vinte e oito anos. Solteiro. Vive com os pais e sete irmãos.

— Você nasceu cego?

— Não, quando eu era rapaz, sofri um acidente.

Não forneceu mais detalhes, e eu não tive a ousadia de pedi-los.

Embora tivéssemos quase a mesma idade, estávamos a anos-luz de distância. Minhas três décadas consistiam em férias de verão com a família, escola dominical, equipes de debate, futebol e uma busca pelo Todo-poderoso. Crescer cego e pobre no Brasil certamente não oferecia nada disso. Minha preocupação diária agora envolvia pessoas, pensamentos, conceitos e comunicação. O dia dele era remendado com preocupações de sobrevivência: moedas, folhetos e comida. Eu voltaria para um belo apartamento, comida quente e uma boa esposa. Odiava pensar na casa que ele encontraria. Eu já tinha visto o bastante de barracos superlotados nos morros do Rio de Janeiro para fazer uma suposição razoável. E sua recepção... Será que haveria alguém para fazê-lo sentir-se especial quando chegasse a sua casa?

Cheguei perto de perguntar: "Você fica louco por eu não ser você? Você já acordou no meio da noite se perguntando por que a parte que lhe coube foi tão diferente daquela concedida a milhares que nasceram trinta anos atrás?".

Eu usava uma camisa com gravata e alguns sapatos novos. Os sapatos dele tinham buracos e seu casaco era grande e volumoso. Suas calças se abriam num rasgo a partir do joelho.

E, ainda assim, ele cantava. Mesmo sendo um mendigo cego sem um centavo, ainda encontrava uma música e a cantava corajosamente. (Gostaria de saber de qual cômodo de seu coração aquela canção vinha.)

Na pior das hipóteses, imaginei, ele cantava por desespero. Sua canção era tudo que ele tinha. Mesmo quando ninguém lhe dava moedas, ele ainda tinha sua canção. No entanto, ele parecia demasiadamente em paz para estar cantando por autopreservação.

Ou talvez cantasse por ignorância. Talvez não conhecesse aquilo que nunca teve.

Não, concluí que a razão mais provável de seu comportamento era o que menos se esperaria. Ele cantava por contentamento. De algum modo, esse indigente sem olhos havia descoberto uma vela chamada satisfação que iluminava seu mundo escuro. Alguém lhe dissera, ou talvez ele disse a si mesmo que a alegria de amanhã é gerada pela aceitação do hoje. Aceitação daquilo que, pelo menos durante o momento, não se pode alterar.

Olhei para a correnteza de rostos que caíam sobre nós. Cruéis. Profissionais. Alguns determinados. Outros disfarçados. Mas ninguém estava cantando, nem mesmo em silêncio. E se cada rosto fosse um cartaz que anunciasse o verdadeiro estado do coração de seu dono? Quantos diriam: "Desespero! Situação precária nos negócios!" ou "Quebrado: Precisando de reparo", ou "Sem fé, inquieto e com medo"? Muitos.

A ironia era dolorosamente divertida. Esse cego poderia ser a pessoa mais em paz na rua. Sem diploma, sem prêmios e sem futuro — pelo menos no sentido agressivo da palavra. Mas eu me pergunto quantos naquela correria urbana trocariam suas salas de reuniões e ternos azuis num instante pela chance de beber da fonte deste rapaz.

"A fé é o pássaro que cantarola mesmo quando ainda está escuro".

Antes de ajudar a levar meu amigo de volta a seu lugar na rua, tentei expressar minha empatia.

— A vida é dura, não é mesmo?

Um sorriso ligeiro. Ele mais uma vez voltou sua face na direção de minha voz e começou a responder, depois parou e disse:

— É melhor eu voltar para o trabalho.

Por quase um quarteirão, pude ouvi-lo cantando. E, em minha visão mental, ainda podia vê-lo. Mas o homem que eu via agora era diferente daquele a quem eu dera algumas moedas. Embora o homem que eu visse agora continuasse sem visão, ele era nitidamente perspicaz. E, embora fosse eu quem tivesse olhos, foi ele que me concedeu uma nova visão.

Capítulo vinte e oito

No lodo do Jaboque

Ele era o trapaceiro profissional dos patriarcas. Um mestre do passe de mágica e do sapateado. Havia obtido a desagradável reputação de conseguir o que quisesse por bem ou por mal — ou ambos.

Por duas vezes ele escondeu o jogo de seu obtuso irmão Esaú a fim de escalar a árvore genealógica. Certa vez trapaceou o próprio pai, num truque especialmente sujo, uma vez que seu pai tinha a visão fraca, a fim de garantir um presente que, de outro modo, jamais teria recebido.

Mais tarde, engambelou seu sogro tomando-lhe seu melhor rebanho e, quando ninguém estava olhando, pegou as crianças e os animais e caiu fora.

Sim, Jacó tinha uma péssima reputação, e fazia jus a ela. Para ele os fins sempre justificavam os meios. Sua esperteza só era superada por sua audácia. Sua consciência estava calejada o bastante para deixá-lo dormir, e seus pés eram rápidos o suficiente para mantê-lo sempre um passo à frente das consequências.

Isto é, até ele chegar a um rio chamado Jaboque. No Jaboque sua própria astúcia lhe passou o pé (Gn 32).

Jacó estava acampado perto do rio Jaboque quando chegou a notícia de que o grande e peludo Esaú vinha revê-lo. Fazia vinte anos desde que Jacó enganara seu irmão. Tempo mais que suficiente para Esaú preparar um enorme prato frio de vingança, Jacó pensou. Ele estava em apuros. Desta vez, não tinha mais truques na manga. Foi finalmente forçado a encarar a si mesmo e Deus.

Para o crédito de Jacó, ele não fugiu do problema. É de se perguntar por quê. Talvez ele estivesse cansado de correr. Ou talvez estivesse cansado de olhar para o personagem obscuro que avistava todas as manhãs no espelho. Ou talvez soubesse simplesmente que ele tinha blefado vezes demais. Seja qual fosse a motivação, foi suficiente para que ele saísse das sombras, atravessasse o vau do Jaboque sozinho e encarasse os fatos.

A palavra *Jaboque* em hebraico significa "luta", e lutar foi o que Jacó fez. Ele lutou contra seu passado: todas as mentiras, intrigas e difamações. Lutou contra sua situação: uma aranha presa em sua própria teia de enganos e astúcia. Mas, acima de qualquer coisa, ele lutou contra Deus.

Lutou contra o mesmo Deus que havia descido a escada em Betel para assegurá-lo de que ele não estava sozinho (embora merecesse estar). Encontrou o mesmo Deus que já lhe havia afirmado que não quebraria sua promessa (embora dificilmente alguém poderia culpar Deus se isso acontecesse). Confrontou o mesmo Deus que lhe havia lembrado de que a terra preparada para ele ainda lhe pertencia. (Mais uma prova de que Deus nos abençoa *apesar* de nossa vida, e não *por causa* dela.)

Jacó lutou contra Deus a noite toda. Nas margens do Jaboque ele rolou no lodo de seus erros. Encontrou Deus face a face, cansado de seu passado e em carência desesperada de um recomeço. E, uma vez que Jacó tanto queria isso, Deus honrou sua determinação. Deu-lhe um novo nome e uma nova promessa. Mas deu-lhe também uma torcida no quadril como lembrete daquela noite misteriosa junto ao rio.

Jacó não é o único homem na Bíblia a lutar contra si mesmo e contra Deus por causa de travessuras passadas. Davi lutou após seu encontro com Bate-Seba. Sansão lutou, cego e careca depois da sedução de Dalila. Elias esteve em seu próprio Jaboque quando ouviu o "murmúrio de uma brisa suave". Pedro enfrentou sua culpa com ecos do canto do galo ainda ressoando em seus ouvidos.

E eu imagino que a maioria de nós também passa algum tempo nas margens do rio. Nossos atos escandalosos têm um jeito de nos encontrar. Quer alguns exemplos? Considere as seguintes cenas.

O marido infiel junto à mesa com um bilhete de sua esposa nas mãos. "Não podia mais aguentar. Levei as crianças comigo."

A moça solteira de 21 anos no consultório do médico. As palavras permanecem frescas em sua mente. "O teste deu positivo. Você está grávida."

O empresário se encolhendo no escritório da Receita Federal. "Sua auditoria mostra que você tomou algumas brechas que não lhe cabia tomar."

O estudante vermelho de vergonha que foi pego copiando as respostas do teste de outro aluno. "Teremos de notificar seus pais."

Todos nós, num momento ou noutro, ficamos face a face com nosso passado. E é sempre um encontro estranho. Quando nossos pecados nos alcançam, podemos fazer uma de duas coisas: correr ou lutar.

Muitos optam por correr. Empurram o problema com um argumento de indiferença. "Fui vítima das circunstâncias." Ou "Foi culpa dele". Ou "Há tantos que fazem coisas piores". O problema com esse tipo de escape é que não se trata, de forma alguma, de um escape. É apenas uma camuflagem superficial. Não importa quantas camadas de maquiagem você passe sobre um olho roxo, por debaixo ainda permanece o roxo. E no fundo ainda dói.

Jacó finalmente se deu conta disso. Como resultado, seu exemplo é digno de imitação. A melhor maneira de lidar com nosso passado é apertar o cinto, arregaçar as mangas e olhá-lo nos olhos. Chega de falta de responsabilidade ou bodes expiatórios. Chega de omissões ou disfarces. Chega de jogos. Precisamos de um confronto com nosso Mestre.

Nós também deveríamos atravessar o riacho sozinho e lutar com Deus por conta própria. Nós também deveríamos ficar olho no olho com ele e sermos lembrados que, sozinhos, fracassamos. Nós também deveríamos desmascarar nosso coração maculado e alma impura e ser honesto com o Deus que conhece nossos pecados mais secretos.

O resultado pode ser vivificante. Sabemos disso por meio de Jacó. Após seu encontro com Deus ele se tornou um novo homem. Cruzou o rio no alvorecer de um novo dia e encarou Esaú com uma coragem recém-descoberta.

Cada passo dado, porém, foi um passo doloroso. Seu quadril teso era um lembrete da lição aprendida no Jaboque: negócios escusos causam sofrimento. Anote isto: brinque hoje e pague amanhã.

E para você que se pergunta se já brincou tempo demais para mudar, aproprie-se da coragem do legado de Jacó. Homem nenhum é ruim demais para Deus. Transformar um trapaceiro profissional num homem de fé não seria tarefa fácil. Mas, para Deus, tudo se deu numa noite de trabalho.

Capítulo vinte e nove

Uma enforcada de leve

"Mostra-me, Senhor [...] quão frágil sou."
Salmos 39.4

Certa feita, Abraham Lincoln ouviu os apelos da mãe de um soldado que havia sido sentenciado à força por traição. Ela implorou que o presidente concedesse o perdão. Lincoln concordou. Contudo, diz-se que, antes de sair, ele disse à senhora as seguintes palavras: "Ainda assim, eu gostaria que pudéssemos ensinar-lhe uma lição. Gostaria que pudéssemos enforcá-lo de leve".

Acho que sei o que o velho barbudo tinha em mente. Ontem mesmo, fui enforcado de leve.

Estávamos num almoço de domingo na casa de uma família missionária amiga. A refeição tinha acabado, e eu estava na cozinha enquanto Denalyn e nossos amigos Paul e Debbie conversavam na sala de estar. A filha de 3 anos deles, Beth Ann, brincava com nossa filha de 2 anos, Jenna, no pátio da frente. De súbito, Beth Ann correu para dentro com uma expressão de pânico no rosto. "Jenna está na piscina!".

Paul foi o primeiro a chegar à beira da piscina. Pulou direto na água. Denalyn foi a próxima a chegar. Quando eu cheguei, Paul havia tirado Jenna da água e a entregue nas mãos de sua mãe. Minha filha estava ao mesmo tempo engasgando, chorando e tossindo. Vomitou uma barriga cheia de água. Eu a segurei enquanto ela chorava. Denalyn começou a chorar. Eu comecei a suar.

Pelo resto do dia, não consegui segurá-la o suficiente, nem pude agradecer à pequena Beth Ann o suficiente (a levamos para tomar sorvete). Ainda não consigo agradecer a Deus o suficiente.

Foi uma questão de minutos, talvez segundos. Quase a perdemos. A ideia era paralisante e censurável.

Foi um enforcamento de leve.

A banqueta foi chutada de debaixo de meus pés, e a corda apertou meu pescoço justamente o tempo necessário para me fazer lembrar o que realmente importa. Foi um tapa divino, uma pancada graciosa na cabeça, uma misericórdia severa. Em razão disso, fiquei face a face com um dos agentes mais astutos do submundo — o agente da familiaridade.

Sua incumbência vinda da sala do trono das trevas é clara e fatal: "Não pegue nada da sua vítima; faça apenas que ela não dê valor a nada".

Ele andara em meu caminho durante anos e eu nunca soube. Mas agora eu sei. Acabei reconhecendo suas táticas e detectando sua presença. E estou fazendo meu melhor para mantê-lo longe. Seu propósito é mortal. Seu objetivo é nada menos que tomar o que é mais precioso para nós e fazê-lo parecer mais comum.

Dizer que esse agente da familiaridade gera desprezo é subestimá-lo. O desprezo é apenas um de sua prole. Ele também reproduz corações partidos, horas desperdiçadas e um desejo insaciável por mais. É um especialista em roubar o brilho e substituí-lo pela monotonia. Ele inventou o bocejo e projetou o tédio. E sua estratégia é ardilosa.

Ele não roubará sua salvação; apenas fará você esquecer como era estar perdido. Você se acostumará com a oração e, portanto, não vai mais orar. A adoração se tornará trivial, e o estudo, opcional. Com o passar do tempo, ele se infiltrará em seu coração com o tédio e cobrirá a cruz com poeira de modo que você estará "seguramente" fora do alcance da mudança. Um a zero para o agente da familiaridade.

Ele também não roubará sua casa de você; fará algo muito pior. Vai pintá-la com o verniz familiar da monotonia.

Ele trocará vestidos de gala por roupões, noites na cidade por tardes na poltrona, e romance por rotina. Espalhará a poeira do ontem sobre os retratos de casamento no corredor até se tornarem a lembrança de outro casal numa outra época.

Ele não tomará seus filhos, apenas fará você ficar ocupado demais para notá-los. Seus sussurros para a procrastinação são sedutores. Há sempre o próximo verão para treinar o time, o mês que vem para visitar o lago, e a semana seguinte para ensinar o Joãozinho a orar. Fará você esquecer que os rostos ao redor de sua mesa logo estarão nas mesas deles. Desse modo, livros não serão lidos, jogos não serão jogados, corações não serão nutridos, e oportunidades serão ignoradas. Tudo porque o veneno do comum enfraqueceu sua sensibilidade para a mágica do momento.

Antes de dar-se conta, o rostinho que trouxe lágrimas a seus olhos na sala de parto se tornou — Deus o livre — comum. Uma criança comum sentada no banco de trás de seu automóvel enquanto você desce correndo a pista veloz da vida. A menos que algo mude, a menos que alguém o desperte, aquela criança comum se tornará um estranho qualquer.

Um enforcamento de leve pode nos fazer levemente bem.

Numa prateleira acima de minha mesa há uma foto de duas garotinhas. Estão de mãos dadas à frente de uma piscina; a mesma piscina da qual a mais nova fora retirada poucos minutos antes. Coloquei a foto ali onde eu pudesse vê-la diariamente para que eu me lembrasse do que Deus não quer que eu esqueça.

E você pode apostar que desta vez eu vou me lembrar. Não quero mais nenhum tipo de enforcamento. Nem mesmo de leve.

Capítulo trinta

CARMELITA

O ar quente pairava denso na pequena capela do cemitério. As pessoas com leque o usavam para disfarçar o calor. Estava cheio. As poucas cadeiras colocadas ali foram rapidamente ocupadas. Encontrei um canto vazio de um lado e fiquei ali quieto, observando meu primeiro funeral no Brasil.

Num suporte no meio da capela repousava o caixão e o corpo da mulher que havia morrido num acidente de carro no dia anterior. Era conhecida como dona Neusa. Eu a conhecia por ela ser mãe de um de nossos primeiros convertidos, Cesar Coutinho. Ao lado do caixão estavam Cesar, sua irmã, outros parentes, e uma pessoa muito especial chamada Carmelita.

Era uma mulher alta, de pele escura, quase negra. Naquele dia, usava um vestido simples e tinha o rosto solene. Olhava fixamente para o caixão com olhos fundos e castanhos. Havia algo de nobre no modo como ficava ali, ao lado do corpo. Não chorava abertamente como o restante. Tampouco procurava o consolo dos demais. Apenas ficava ali, curiosamente quieta.

Na véspera, eu havia acompanhado Cesar na delicada tarefa de contar a Carmelita que dona Neusa tinha morrido. Enquanto dirigíamos, ele me explicou como Carmelita tinha sido adotada por sua família.

Mais de vinte anos antes, a família de Cesar visitara uma pequena cidade no interior do Brasil. Ali encontraram Carmelita, uma órfã de 7 anos que vivia na miséria com alguns parentes. Sua mãe havia sido uma prostituta. Nunca conheceu o pai. Depois de ver a criança, dona Neusa ficou comovida. Sabia que, a menos que alguém interviesse, a pequena Carmelita estava fadada a uma vida sem nenhum amor ou atenção. Devido à compaixão de dona Neusa, Cesar e sua família voltaram para casa com um novo membro da família.

Parado ali na capela funerária e olhando para o rosto de Carmelita, tentei imaginar quais eram suas emoções. Como a vida dela havia mudado. Fiquei me perguntando se a mente dela estava revivendo aquela lembrança da infância, de subir num carro e seguir viagem com uma família estranha. Num instante ela estava sem amor, nem lar, nem futuro; no momento seguinte, tinha essas três coisas.

Meus pensamentos foram interrompidos pelo barulho de passos. O velório havia terminado, e as pessoas deixavam a capela para acompanhar o enterro. Devido a minha posição, no canto extremo da sala, fui o último a sair. Ou pelo menos achava isso. Enquanto saía, ouvi uma voz suave atrás de mim. Virei-me e vi Carmelita chorando silenciosamente ao lado do caixão. Comovido, parei na porta da capela e testemunhei esse comovente "adeus". Pela primeira vez Carmelita ficou sozinha com sua mãe adotiva. Havia seriedade em seus olhos. Era como se ela tivesse uma tarefa final a cumprir. Não lamentou em alta voz nem gritou de dor. Apenas debruçou-se sobre o caixão e o acariciou ternamente como se fosse o rosto da mãe. Com lágrimas silenciosas pingando na madeira polida, repetiu diversas vezes: "Obrigada, obrigada".

Uma despedida final de gratidão.

Ao dirigir de volta para casa aquele dia, pensei que nós, de muitas maneiras, somos como Carmelita. Nós também somos órfãos assustados. E também fomos resgatados por um visitante compassivo, um pai generoso que nos ofereceu um lar e um nome.

Nossa resposta deveria ser exatamente a de Carmelita, uma resposta comovente de profunda gratidão por nossa libertação. Quando ninguém mais nos daria sequer um instante do seu dia, o Filho de Deus nos deu o melhor tempo de nossa vida!

Também deveríamos ficar na companhia silenciosa daquele que nos salvou, e derramar lágrimas de gratidão, e oferecer palavras de agradecimento. Pois não foi nosso corpo que ele resgatou, mas nossa alma.

Capítulo trinta e um

Avistando o topo

Este livro foi escrito à noite. Não ao entardecer, nem ao anoitecer, mas à noite. Passada a hora de dormir. Depois que as visitas se foram. Quando a casa estava em silêncio. Enquanto minha esposa dormia, eu me esgueirava até minha despensa convertida num escritório, saudava minha amante da meia-noite (meu computador) e escrevia. Com o barulho incessante das ruas da cidade abaixo e o zumbido suave do ventilador ao lado, desfrutei de um encontro noturno com a Luz.

Não sou notívago por natureza. Em muitas noites travou-se uma guerra entre minha sonolência e a criatividade. Não, não sou um fã da noite. Mas sou um pai e missionário, e descobri que as demandas dessas duas tarefas desaparecem por volta da hora em que a maioria das pessoas diz “Boa noite”. (Tentei as primeiras horas da manhã, que por alguma razão parecia mais correto, mas o reboque de que eu precisava para me tirar da cama não conseguiria subir as escadas.)

Hoje à noite parece ser meu último encontro com este manuscrito. *Deus está aqui* já passou pelas etapas necessárias de cultivo e cuidado e está quase pronto para ser levado ao mercado. Algo que, como você pode imaginar, é motivo tanto de alegria quanto de tristeza. Sentirei falta desta companhia da noite. Não me incomodo de dizer-lhe que, mais de uma vez, o impacto de minhas horas noturnas de ponderação me tirou de minha cadeira giratória e me pôs de joelhos em gratidão. Nós servimos a um Deus maravilhoso!

Recentemente, li uma história esclarecedora que nos serviria como bom lembrete enquanto nos preparamos para tomar caminhos diferentes. Trata-se da história de um grupo de alpinistas que decidiu escalar uma montanha enorme na Europa. A visão ostentava um pico de tirar o fôlego, com rochas cobertas de neve. Em dias claros, o pico reinava soberano no horizonte. Sua ponta branca se projetava para o céu azul, convidando admiração e oferecendo inspiração.

Em dias assim, os escaladores faziam o maior progresso. O pico ficava acima deles como uma meta irresistível. Os olhos eram chamados para cima. A caminhada era alegre. A cooperação era altruísta. Embora fossem muitos, escalavam como um só, todos contemplando o mesmo cume.

Contudo, em certos dias o pico da montanha ficava oculto. A cobertura de nuvens eclipsava a nitidez do azul com um forro cinza, monótono, e bloqueava a visão do topo da montanha. Nesses dias, a subida era árdua. Olhos para baixo e pensamentos para dentro. A meta era esquecida. Os ânimos refreavam. O cansaço surgia sem ser convidado. Reclamações espicaçavam como espinhos no caminho.

Somos assim, concorda? Enquanto podemos ver nosso sonho, enquanto nossa meta se encontra em nosso raio de visão, não há montanha que não possamos escalar nem cume em que não possamos subir. Mas retire nossa visão, bloqueie nossa vista do fim da trilha, e o resultado é tão desanimador quanto a jornada.

Pense nisso. Esconda o Nazareno que nos chama do topo da montanha e veja o que acontece.

Ouça os gemidos dos escaladores quando eles param e sentam-se à beira do caminho. Por que continuar se não há alívio à vista? Peregrinos sem nenhuma visão da terra prometida se tornam proprietários de sua própria terra. Montam acampamento. Trocam botas de caminhada por mocassins, e seus equipamentos por uma cadeira nova.

Em vez de olhar para cima, para ele, olham para dentro de si mesmos e uns para os outros. O resultado disso? Sufocamento. Disputas familiares. Líderes irrequietos. Tapumes. Território marcado. Placas de "Proibida a entrada" penduradas no coração e nos lares. Discussões menores se transformam em brigas quando grupos míopes se voltam para contemplar a fraqueza uns dos outros em vez de se voltarem para adorar sua Força comum.

Anote isto. Somos o que vemos. Se vemos somente nós mesmos, nossas lápides terão o mesmo epitáfio usado por Paulo para descrever os inimigos de Cristo: "O seu deus é o estômago e eles têm orgulho do que é vergonhoso; só pensam nas coisas terrenas" (Fp 3.19). Os humanos não foram feitos para habitar no nevoeiro obsoleto das terras inferiores, sem visão alguma de seu Criador.

É por isso que Deus se aproximou. Para ser visto.

E é por isso que os que o viram nunca mais foram os mesmos. "Vimos a sua glória", exclamou um seguidor (Jo 1.14). "Fomos testemunhas oculares da sua majestade", sussurrou um mártir (2Pe 1.16). Eles viram o pico. Respiraram o ar fresco do alto da terra. Tiveram um vislumbre do pináculo. E recusaram desistir da escalada até o topo. Queriam ver Jesus.

Iniciei este livro com algumas definições: o cristianismo, em sua pura forma, nada mais é que ver Jesus. O serviço cristão, em sua pura forma, nada mais é que imitar quem vemos. Ver sua majestade e imitá-lo, tal é a essência do cristianismo.

É por isso que os que o veem hoje nunca mais são os mesmos. Lembra-se de Bob Edens? É o sujeito de quem falei na introdução, que viveu 51 anos sem ver nada até uma intrincada cirurgia lhe conceder a visão. Outra coisa que ele disse é digna de nota.

"A grama era algo com o qual eu havia me acostumado... Sempre achei que fossem apenas fiapos. Mas ver cada talo verde individualmente, e ver o pelo de meu braço crescendo como árvores, e pássaros voando pelo ar... É como iniciar uma nova vida."

Obter a visão pode ser assim. Especialmente obter a visão de seu Criador. Pode ser como iniciar uma nova vida. Pode ser como um novo nascimento. De fato, Aquele que inspirou este livro disse que novos começos e boa visão são inseparáveis. "Ninguém pode ver o Reino de Deus, se não nascer de novo." (Jo 3.3)

Deus se aproximou. Se ele é quem diz ser, não há verdade que mereça mais seu tempo do que essa.

Pense a respeito. Agora, se você não se importa, acho que vou dormir um pouco.

Guia do leitor

Capítulo um

A CHEGADA

1. Deus aparece àqueles que dispõem de tempo para ouvi-lo — por isso, naquela noite sem nuvens, ele apareceu a simples pastores.

   a. Se o Messias tivesse nascido em nossa época, a que grupo os anjos fariam o anúncio, em sua opinião? A seu ver, quem disporia de tempo para ouvir?
   b. Leia Lucas 2.8-20 para conferir a reação dos pastores ao anúncio. Como eles reagiram? Em sua opinião, por que Deus os escolheu para receber as boas-novas?
   c. Leia Lucas 7.18-30 para conferir como outros reagiram às notícias da chegada do Messias. Como Jesus respondeu quando perguntaram se ele era o Messias? Qual foi a reação das multidões? Qual foi a reação dos fariseus e dos peritos na lei? Em sua opinião, por que cada grupo reagiu a seu próprio modo?
   d. De quais maneiras você ouve Deus? Com que frequência você separa tempo só para ouvi-lo? Em que ocasiões Deus tem sua total atenção?

2. Os que perderam a chegada de sua majestade naquela noite não a perderam apenas por causa de ações más ou malícia; não, perderam-na porque simplesmente não estavam olhando. Pouca coisa mudou nos últimos dois mil anos, concorda?

   a. Como você responde à declaração de Max de que pouca coisa mudou nos últimos dois mil anos? Você acha que as pessoas são mais ou menos receptivas hoje? Por que tantas pessoas "perdem a chegada"?

b. Leia Provérbios 8.17 e João 14.21. O que é prometido àqueles que buscam Deus?
c. De acordo com Hebreus 7.22-25 e 11.6, o que se exige daqueles que buscam Deus? O que é prometido a eles?
d. De que maneira você busca Deus? Onde você mais costuma encontrá-lo? Na Palavra? Em oração? No louvor? Manifestado em seus seguidores?

Capítulo dois

"SÓ UM MOMENTO..."

1. Existe algo em mantê-lo divino que o conserva distante, acondicionado, previsível. Mas não faça isso. Pelo amor de Deus, não. Deixe-o ser tão humano quanto ele pretendia ser. Deixe-o entrar na lama e sujeira de nosso mundo. Pois somente se o deixarmos entrar é que nós poderemos sair.

a. Causa desconforto pensar em Jesus em termos plenamente humanos? Por quê?
b. O que Max quer dizer com "somente se o deixarmos entrar é que nós podemos sair"? Você concorda? Se Jesus tivesse sido capaz de nos salvar sem se tornar humano, de que modo seria afetada sua atitude em relação a ele como seu Salvador?
c. Nas seguintes passagens, que aspectos de Jesus parecem bastante "humanos": Marcos 4.35-40; Marcos 14.32-40; Lucas 24.36-43; João 11.1-36? Tais passagens fazem Jesus parecer mais real para você? De que modo a noção da humanidade de Jesus afeta seu relacionamento com ele?

d. Leia Salmos 103.8-18; Hebreus 2.14-18; 4.14-16. Que garantias essas passagens nos oferecem de que o Senhor nos entende e se importa conosco?
e. Se você mantiver a divindade e a humanidade de Jesus em mente, o que mudará em sua capacidade de lidar com provações e tentações? De que modo isso afeta suas orações?

2. O mundo verá outra transformação instantânea. Veja, quando se tornou homem, Deus possibilitou que o homem visse Deus. Quando Jesus foi para casa, ele deixou a porta aberta.

a. O que significa "quando Jesus foi para casa, ele deixou a porta aberta"?
b. Leia João 14.1-14. Que tipo de casa Jesus está preparando? Para quem?
c. Leia Êxodo 33.12-23 e 34.29-35. O que aconteceu quando Moisés pediu para ver Deus face a face? Que efeito a presença de Deus teve sobre Moisés?
d. De acordo com Mateus 5.8, Hebreus 12.14 e Apocalipse 21.22—22.5, quem verá a face de Deus?
e. O que lhe vem à mente quando você reflete na volta de Jesus? Que tipo de emoção esse pensamento desperta? Por quê? Se você soubesse que a volta de Jesus seria iminente, quais seriam suas prioridades? Como você passaria seu tempo?

Capítulo três

O ABSURDO EM CARNE E OSSO

1. Após uma nação de escolhidos lhe ter tirado a roupa e perfurado o corpo encarnado, ele ainda morreu por eles. E mesmo

hoje, após bilhões terem escolhido prostituir-se diante dos cafetões do poder, da fama e da riqueza, ele ainda os espera. É inexplicável. Não tem um pingo de lógica nem um traço de racionalidade. E, no entanto, é essa própria irracionalidade que concede ao evangelho sua maior defesa. Pois somente Deus poderia amar assim.

a. Alguma vez você considerou a história de Jesus absurda? Já conversou com pessoas que questionam a autenticidade da história? O que você lhes respondeu?
b. De que modo as seguintes passagens descrevem o amor de Deus: Romanos 5.6-8; 8.13-17,31-39; Tito 3.3-8?
c. De acordo com 1João 4.7-21, se de fato entendemos o amor de Deus por nós, qual deve ser nossa resposta a ele? Qual deve ser nosso comportamento para com as pessoas? De que forma isso afeta nossa atitude em relação ao dia do juízo? Que sentimento não pode coexistir com o amor de Deus dentro de nós?
d. Em que ocasião você sentiu o amor de Deus mais fortemente? De que maneira você expressa o amor de Deus às pessoas? Como você expressa seu amor a Deus?

2. Deus se tornou chacota na terra para salvar seus filhos. Que absurdo pensar que tamanha nobreza chegaria a tamanha pobreza para partilhar tamanho tesouro com almas tão ingratas. Contudo, ele o fez. De fato, a única coisa mais absurda que essa dádiva é nossa teimosa má vontade de recebê-la.

a. Como recebemos a dádiva divina da salvação? Em sua opinião, por que as pessoas não aceitam essa dádiva de Deus?

b. Examine as seguintes passagens que descrevem pessoas rejeitando a salvação: Lucas 14.15-24; Romanos 9.30-32; 1Coríntios 1.18-31. De acordo com essas passagens, que atitudes impedem as pessoas de aceitar a dádiva de Deus?

c. De acordo com as seguintes passagens, quais atitudes e ações caracterizam aqueles que aceitam a salvação de Deus: 2Coríntios 7.10; Efésios 2.8-9; Filipenses 3.7-11; Tiago 1.19-27?

d. Que atitude ou ação constitui o maior desafio para sua salvação?

Capítulo quatro

A ORAÇÃO DE MARIA

1. Descansem bem, mãos pequeninas. Pois, embora pertençam a um rei, não tocarão o cetim, e o ouro não possuirão. Não pegarão a pena, não guiarão o pincel. Não, suas mãos frágeis estão reservadas para obras mais preciosas: tocar a ferida aberta do leproso, enxugar a lágrima da viúva exausta, arranhar o chão do Getsêmani.

a. O que você pede a Deus em favor de seus filhos?

b. Reflita em como Deus usou suas mãos aqui na terra. O que as seguintes passagens nos dizem acerca de sua natureza: Mateus 9.18-26; 14.28-31; 19.13-15; Marcos 1.40-42; 8.22-26; Lucas 4.40; 24.36-39? Era necessário que Jesus tocasse as pessoas a fim de curá-las? Por que, a seu ver, ele escolheu tocá-las?

c. Que instruções Jesus nos deixou em Mateus 25.31-46 acerca de mostrar compaixão e ajudar os necessitados? Quais são as consequências de ignorar essas ordens?
d. Hoje em dia é fácil ajudar pessoas a certa distância sem precisar lidar com elas face a face. O que se perde sem o contato pessoal? Por que fugimos desse contato? A fim de cumprir as ordens de Jesus, que nível de envolvimento você está disposto a ter com as pessoas?

2. E você, pequeno coração... santo... bombeando o sangue da vida através do universo: quantas vezes iremos parti-lo?

a. Quando você peca e quebra as ordens do Senhor, como você imagina que Jesus reaja? Com raiva? Desgosto? Frustração? Decepção? Censura? "Eu já sabia"? Você imagina o coração dele sendo partido?
b. Analise as seguintes passagens que descrevem a misericórdia de Deus e seu espírito compassivo e perdoador: Êxodo 34.4-7; Isaías 55.6-7; Jeremias 9.23-24; Miqueias 7.18-19; Efésios 2.1-10. Como Deus responde quando estamos de fato arrependidos? Quais são as palavras mais reveladoras e significativas em cada passagem?
c. De acordo com 2Coríntios 1.3-7, de que modo partilhamos dos sofrimentos de Cristo? Se partilhamos de seus sofrimentos, de que modo partilhamos igualmente de seu conforto? Como, então, compartilhamos seu conforto com outras pessoas?
d. Como você descreveria o processo de alguém que deixa de ser um pecador que parte o coração de Jesus para uma pessoa capaz de ministrar a outros?

Capítulo cinco

Escalar galhos ou sentar-se nos ramos

1. José sabia que a única coisa pior que uma aventura rumo ao desconhecido era a ideia de dizer não a seu Mestre.

   a. Que dificuldades José teria se optasse por se aventurar com Deus rumo ao desconhecido? Que riscos ele teve de assumir?
   b. Embora pouco seja dito sobre José, preste atenção a como ele respondeu a cada um dos seguintes eventos: Mateus 1.18-24; 2.13-15,19-23; Lucas 2.21-24,41-48. Sendo assim, como você caracterizaria José? Como descreveria sua fé em Deus?
   c. De que modo Deus nos chama hoje para nos aventurarmos rumo ao desconhecido?

2. Você já foi chamado por Deus a subir num galho? Pode apostar que não será fácil. Escalar galhos nunca foi fácil.

   a. Em que ocasião você sentiu que Deus estava lhe pedindo para sair de um ramo? Como você respondeu? Qual foi o resultado?
   b. Veja alguns outros que Deus chamou para sair do ramo. Que risco Deus pediu que estas pessoas assumissem: Abraão (Gn 22.1-19); Moisés (Êx 3.1—4.18); Gideão (Jz 7); a viúva de Sarepta (1Rs 17.7-24); o jovem rico (Lc 18.18-30)? Como cada um respondeu? Como Deus respondeu à disposição ou falta de disposição deles de deixar o ramo por sua causa?

c. Para você, quais desses "ramos" exigiram a maior fé?
d. A partir desses exemplos, que princípios você pode inferir da reação de Deus quando deixamos o ramo por ele?
e. Neste momento, Deus o está chamando para sair de um ramo? Como você planeja responder?

Capítulo seis

25 PERGUNTAS PARA MARIA

1. O que você já se perguntou a respeito da infância e juventude de Jesus? Que perguntas você gostaria de fazer a Maria?

2. Que outras perguntas você gostaria de fazer a Jesus?

3. Leia João 1.1-14. Como João descreve a existência de Jesus antes de ele nascer de Maria?

4. Leia Filipenses 2.5-11. Qual foi a atitude de Jesus acerca de sua vinda para a terra como humano? De que modo nossa atitude deveria "ser a mesma de Cristo Jesus"?

5. Se você pudesse conversar com alguma pessoa da Bíblia, além de Jesus, quem seria? Por quê? Que perguntas gostaria de fazer?

6. Você visualiza o céu como uma oportunidade de passar tempo conversando com Jesus, Moisés, Paulo e as pessoas que você amou na terra? Como isso faz você se sentir em relação a ir para o céu?

Capítulo sete

Noite de Natal

1. O pó mágico do Natal reluziu na face da humanidade ainda que brevemente, lembrando-nos do que vale a pena possuir e de quem deveríamos ser.

   a. Que tipo de tradições natalinas havia em sua infância? Que tipo de tradições você estabeleceu em sua família?
   b. Quais são suas prioridades na época do Natal? O período natalino extrai o melhor ou o pior de você?
   c. Na verdade, quais são as únicas coisas que importam? O que as seguintes passagens dizem ser as coisas mais importantes na vida: Deuteronômio 10.12-13; Eclesiastes 12.13-14; Mateus 22.34-40; Tiago 1.25-27?
   d. Quais são suas prioridades para a próxima semana? E para o próximo mês? E para o próximo ano?

2. Se ele pode fazer tanta coisa com orações tão tímidas oferecidas tão sem jeito em dezembro, quanto mais poderia fazer se pensássemos nele todos os dias?

   a. Nós limitamos a capacidade de Deus de agir? Se sim, como?
   b. Que ilustrações Jesus usa para descrever a importância do comprometimento nas seguintes passagens: Mateus 6.19-24; 13.1-23; 25.14-30; Marcos 9.42-50?
   c. O que as Escrituras dizem sobre consistência e comprometimento na oração? Leia Lucas 11.5-13; 18.1-8; Efésios 6.18; 1Tessalonicenses 5.16-18; Tiago 5.13-16?
   d. De que modo você poderia aumentar a consciência das pessoas em relação a Cristo ao longo do ano?

Capítulo oito

ADEUS À CARPINTARIA

1. Veja, ele não tinha de ir. Ele tinha uma escolha. Poderia ter ficado. Poderia ter mantido a boca fechada. Poderia ter ignorado o chamado, ou pelo menos adiado.

   a. Jesus tinha uma escolha? Você acha que ele fez essa escolha uma ou várias vezes? Acredita que ele alguma vez duvidou que a humanidade valesse o preço que ele ia pagar?
   b. O que as seguintes passagens revelam não apenas sobre a disposição de Jesus, mas também sobre sua determinação de morrer por nossos pecados: Mateus 26.36-54; João 10.11-18; 18.4-11; Filipenses 2.6-8; Hebreus 7.23-27?
   c. Num pedaço de papel, liste numa coluna tudo de que Jesus abriu mão por sua causa. Numa segunda coluna, liste tudo de que ele pediu para você abrir mão por causa dele.

2. Viu sua face resplandecer quando você o conheceu pela primeira vez. Viu sua face corar de vergonha quando levou o primeiro tombo. A mesma face que olhou para você naquele espelho matinal, olhou para ele. E foi o suficiente para matá-lo. Ele partiu por sua causa.

   a. É difícil imaginar Jesus vendo e ouvindo você séculos antes de seu nascimento? É difícil perceber que, mesmo agora, ele vê e entende tudo a seu respeito? De que modo você torna Jesus realidade em sua vida?
   b. Para entender melhor como Jesus conhece cada um de nós, leia as seguintes passagens: Salmos 139.1-18;

Mateus 10.29-31; Hebreus 4.13. Que percepções essas passagens oferecem?

c. Escolha e leia um dos relatos da prisão, julgamento e crucificação de Jesus nos evangelhos (p. ex., Mt 26.3—27.61). Consegue imaginar alguém escolhendo sofrer tamanha dor e abuso especificamente por você? Consegue imaginar Deus optando por isso? Por que Deus escolheu morrer por sua causa?

d. Como sua vida seria alterada se um amigo morresse por você? Como sua vida é alterada ao saber que Jesus morreu por você?

Capítulo nove

"PODE ME CHAMAR DE JESUS"

1. Mas não havia ninguém que o considerasse santo demais, divino demais, ou celestial demais para ser tocado. Não havia ninguém que relutasse em aproximar-se dele por medo de ser rejeitado.

a. Por quais razões as pessoas se aproximavam de Jesus? Como o povo reagia a ele?

b. Como Jesus tratou os párias da sociedade: os párias morais (Jo 8.1-11), os párias sociais (Mc 2.13-17) e os párias físicos e espirituais (Mt 8.1-4; Mc 5.1-20)?

c. De que modo Jesus tratou os que o rejeitaram, como Judas (Mt 26.47-50), Pedro (Mc 14.66-72; 16.1-7) e o jovem rico (Mc 10.17-27)? Qual é o elemento mais surpreendente em cada caso?

d. Para quem Jesus reservou suas palavras mais ásperas (Mt 23; Jo 2.12-16)? Por que Jesus os condenava?

e. Quanto você se parece com Cristo? Você é uma pessoa gentil? Com seus filhos? Com seu cônjuge? Com seus colegas de trabalho? Estranhos com quem se depara diariamente? Os menos afortunados que você? Aqueles que estão "mais abaixo na escala social"? O que você poderia fazer para se tornar mais gentil?

2. Lembre-se. É o homem que cria a distância. É Jesus que constrói a ponte.

a. O que faz as pessoas se afastarem de Jesus? Momentos de tragédia e dificuldade? Momentos de sucesso? Apatia? Por quê?
b. Com base nos ensinos das seguintes passagens, de que modo Jesus constrói a ponte para nós: Salmos 145.13-20; João 5.24; Romanos 5.6-8; 8.5-17,26; 1João 5.14-15?
c. Que ilustrações Jesus usou para mostrar sua preocupação conosco? Veja as seguintes passagens para obter alguns exemplos: Isaías 40.11; Mateus 23.37; Lucas 15. A seu ver, quais dessas passagens ilustra mais poderosamente o amor dele pelas pessoas?
d. Você acredita estar mais próximo ou mais distante de Jesus agora em comparação a um ano atrás? De que modo você gostaria de estar mais próximo dele?

Capítulo dez

Mulheres do inverno

1. Os que se esforçam na hora de ir embora obtêm o mesmo salário daqueles que bateram o cartão de manhã. Eu acho que é isso que faz da graça, graça.

a. Você já conheceu alguém que chegou até Jesus no "inverno" da vida? Ou alguém que chegou com aparentemente pouco a oferecer no reino de Jesus? Que impacto essa pessoa sofreu?
b. Veja o "resto da história" dessas três mulheres em Lucas 7.11-17, João 4.1-42 e Lucas 8.43-47. Que impacto elas e esses ocorridos causaram nas pessoas ao redor?
c. Que circunstâncias ou características dessas pessoas Jesus usou para promover seu reino?
d. Que "gente do inverno" você conhece? Que circunstâncias ou características dessas pessoas Deus poderia usar para tocar-lhes o coração e o coração de outros ao redor?

2. Não, ninguém teria culpado Jesus por ignorar as três mulheres. Virar a cabeça seria muito mais fácil, menos controverso, e quase nada arriscado. Mas Deus, que as criou, não poderia fazer isso. E nós, que o seguimos, também não.

a. Em que ocasião você é tentado a se afastar em vez de lidar com uma pessoa "de risco"? A seu ver, quais elementos da sociedade exigem mais risco do que os que você está disposto a correr? Sua igreja se dispõe a se envolver com os indivíduos controversos da sociedade?
b. Depois de ler Mateus 10.28-42, como você definiria "risco" da perspectiva de Deus? O que devemos temer? O que não devemos temer?
c. Se você tivesse apenas Lucas 14.7-14 para se orientar, como descreveria a posição social de Jesus?
d. Quais seriam três ingredientes essenciais para que sua igreja se tornasse mais envolvida com a "gente do inverno" da sociedade?

Capítulo onze

QUANDO DEUS SUSPIROU

1. Pensava em Deus como alguém que dá ordens. Pensava em Deus como alguém que chora. Pensava em Deus como aquele que chama os mortos para a vida ou cria o universo com uma palavra... Mas um Deus que suspira?

a. Na maioria das vezes, como você imagina Deus? Consegue visualizá-lo suspirando? O que poderia levar Deus a suspirar? Que emoções isso implica?
b. Marcos 7.34 descreve o suspiro como "profundo". Em sua opinião, por que Jesus suspirou? Que lição encontramos na resposta de Jesus?
c. Compare esse incidente com o de Marcos 8.11-13. Em sua opinião, por que Jesus suspirou quando os fariseus o questionaram? De que modo os sentimentos de Jesus aqui se diferem do incidente anterior?
d. Leia Romanos 8.22-27 e 2Coríntios 5.2-4, onde Paulo descreve nosso gemido pelo céu. O que se entende por "gemido" nessas passagens?
e. Você se descreveria como alguém que "geme" pelo céu? Por quê? Isso implica qual perspectiva sobre a vida?

2. Dessa forma, encontrei um lugar para a palavra [suspiro]. Você pode achar estranho, mas eu a coloquei ao lado da palavra conforto, pois, de forma indireta, o sofrimento de Deus é nosso conforto. E na agonia de Jesus reside nossa esperança. [...] Aquele suspiro santo nos assegura de que Deus ainda geme por seu povo. Ele geme pelo dia quando todos os suspiros cessarão, quando o que deve ser será.

a. O que Max quer dizer com "o sofrimento de Deus é nosso conforto"? Em que sentido essa declaração é verdadeira?
b. Leia João 17. Qual era o desígnio de Deus para nosso relacionamento com Jesus? E para nosso relacionamento uns para com os outros? O que Max quer dizer com "o que deve ser será"? De que modo Deus nos conforta até o "dia quando todos os suspiros cessarão"? Por que a unidade é tão importante?
c. Passe algum tempo lendo salmos que falem do conforto concedido por Deus, como os salmos 23, 34 e 46. De quais maneiras Deus nos conforta?
d. Em que sentido você vê os crentes unificados? Em quais áreas precisamos nos esforçar por uma unidade maior?

Capítulo doze

A PERGUNTA À BEIRA DO DESFILADEIRO

1. Mas somente Deus pode lidar com nosso dilema final — a morte. E somente o Deus da Bíblia tem a coragem de ficar à beira do desfiladeiro e oferecer uma resposta. Ele tem de ser Deus perante a morte. Do contrário, não é Deus em lugar algum.

a. O que Max quer dizer com "Ele tem de ser Deus perante a morte. Do contrário, não é Deus em lugar algum"? Qual é a resposta à morte oferecida por Deus? De que modo ele oferece a resposta?
b. Leia 1Coríntios 15.12-28 e reescreva com suas palavras o argumento de Paulo referente à morte e à ressurreição.
c. Como você responderia a alguém que duvida que Jesus ressuscitou dos mortos e que há vida após a morte?

2. Você crê que um jovem itinerante, sem um tostão no bolso, é maior que a morte? Você realmente crê que a morte nada mais é senão uma rampa de acesso a uma nova estrada?

a. Max descreve a morte como uma rampa de acesso. Que outras comparações úteis você pode traçar a fim de explicar o que a morte é?
b. Que percepções as seguintes passagens oferecem sobre a relação da morte com a vida: Lucas 20.34-38; João 11.25-26; Romanos 8.10-11?
c. O que você diria a alguém que está lutando com a morte a fim de ajudá-lo a enxergar a resposta de Deus?

Capítulo treze

O CONTO DAS DUAS ÁRVORES

1. A luta. A serpente. A mentira. A tentação. O coração dividido, seduzido. A alma atraída ao prazer, à independência, à importância. Agonia interior. A vontade de quem?

a. Leia Gênesis 2.15-17 e o capítulo 3. Quais eram as tentações presentes? Que escolhas foram feitas por Adão e por Eva? A vontade de quem prevaleceu?
b. Em que medida as mesmas tentações ainda existem hoje? A quais delas nós estamos mais suscetíveis?
c. Com base no exemplo de Adão e Eva, o que nos torna suscetíveis à tentação e à vontade própria?

2. Mais uma vez, a luta. A serpente. A tentação. Coração dividido, seduzido. Mais uma vez, a pergunta: "A vontade de quem?".

a. Leia Mateus 26. Que tentações surgiam para Judas, para Pedro e para Jesus?
b. Em que medida essas tentações permanecem fortes hoje em dia?
c. Como Jesus mostrou submissão à vontade de Deus na ceia da Páscoa? E no Getsêmani? E em sua prisão? E diante do sumo sacerdote no Sinédrio?
d. A partir do exemplo de Jesus, quais princípios você pode deduzir para resistir à tentação e submeter-se à vontade de Deus?

Capítulo catorze

Não foi acidente

1. Jesus nasceu crucificado. Toda vez que ficava ciente de quem ele era, ficava ciente também do que tinha de fazer.

a. Alguma vez você teve o desejo de conhecer seu futuro? E se o futuro reservasse uma morte dolorosa num esforço de salvar a vida de outra pessoa? Você gostaria de saber disso antes do tempo? Tentaria alterar o curso dos acontecimentos?
b. À medida que Jesus antecipa sua morte em Mateus 16.21-23; Lucas 9.51; 13.31-32 e João 10.17-18, que atitudes a respeito de sua morte vindoura ele revela? Como ele respondeu àqueles que tentaram alterar seu curso?
c. Existe um objetivo em sua vida que você persegue com devoção obstinada? Esse objetivo deveria existir? Qual

seria ele? Como sua vida diária seria alterada se você o buscasse com total dedicação?

2. Se Jesus fosse forçado a pregar a si mesmo na cruz, ele o faria. Pois não foram os soldados que o mataram, nem os gritos da multidão: foi sua devoção por nós.

   a. Que parcela de culpa você atribuiria às seguintes pessoas pela morte de Jesus: Judas, a multidão, os líderes religiosos, as autoridades romanas e os soldados? Existe alguém mais que você gostaria de acrescentar à lista?
   b. De acordo com as seguintes passagens, quem foi o responsável pela morte de Jesus: Romanos 5.8; Efésios 2.1-5; 1João 4.9-10?
   c. De acordo com Salmos 145.20, João 14.23 e Efésios 3.17-19, o que acontece quando nos damos conta da devoção de Jesus por nós e respondemos com amor por ele?
   d. Sendo a morte de Jesus um ato voluntário, de que modo nossa vida deveria ser um ato voluntário? Qual é o resultado quando não fazemos escolhas conscientes para viver por Jesus? O que controla nossa vida?

Capítulo quinze

Redescobrindo o deslumbre

1. Nós nos perguntamos, com tantos testemunhos milagrosos ao nosso redor, como poderíamos escapar de Deus. Mas, de algum modo, fugimos [...]. Ou, o que é pateticamente pior,

exigimos mais. Mais sinais. Mais provas. Mais truques de mágica. Como se Deus fosse um artista de circo que podemos conclamar em troca de algumas moedas.

a. Alguma vez você sentiu o desejo de ter testemunhado os milagres realizados por Jesus na terra? Você acredita que isso aumentaria sua fé? Já desejou que Deus realizasse um milagre específico para você agora, de modo que fosse mais fácil crer?
b. Como os milagres de Jesus afetavam a fé das pessoas? Que respostas diferentes surgiram quando Jesus ressuscitou Lázaro dentre os mortos (Jo 11.38-53)?
c. Leia os seguintes exemplos de pessoas que pediram milagres: Mateus 12.38-39; 16.1-4; Atos 8.9-23. O que havia de errado com a motivação delas em cada caso?
d. De acordo com João 2.11; 20.30-31 e Atos 2.22, qual era o propósito de Deus nos milagres?
e. Em que nossa fé em Jesus deveria se basear?

2. Você gostaria de ver Jesus? Ousa ser uma testemunha ocular de sua majestade? Então redescubra o deslumbre.

a. Que acontecimento o deixou mais impactado com a majestade de Deus? A seu ver, que cenário revela a presença divina de forma mais intensa — as montanhas, o oceano, uma noite estrelada, um arco-íris?
b. Leia algumas das passagens que descrevem os milagres e a majestade de Deus, como Jó 9.4-10; Jó 38, 39 e Salmos 104. Como elas afetam a imagem que você tem de Deus? Com base nessas passagens, que palavras você usaria para descrevê-lo?

c. Leia Jó 42.1-6. Qual foi a reação de Jó para a descrição feita por Deus de seu próprio poder? Em que sentido sua reação é igual ou diferente?

Capítulo dezesseis

Esperança

1. Nosso problema não é tanto o fato de Deus não nos dar o que esperamos, mas sim de não sabermos a coisa certa pela qual esperar.

   a. Dê um exemplo no qual Deus deixou de responder a uma oração, algo pelo que, mais tarde, você agradeceu.
   b. Leia 2Samuel 7. O que Davi esperava fazer? Quais eram suas motivações? Qual foi a resposta de Deus para ele? Como Davi reagiu à resposta de Deus?
   c. Leia os relatos em Mateus 20.20-28 e Marcos 10.35-45 da solicitação feita por Tiago, João e a mãe deles. O que eles esperavam obter? Qual parece ter sido sua motivação? Em que sentido eles estavam esperando pela coisa errada?
   d. A partir desses dois exemplos e de outros dados no capítulo, quais princípios você pode determinar acerca das coisas pelas quais deveríamos esperar e orar? Qual deveria ser nossa reação quando Deus nos responde de forma diferente da que esperávamos?

2. A esperança não é um desejo concedido ou um favor realizado; não, é muito maior que isso. É uma dependência "louca" e imprevisível em um Deus que ama nos surpreender e estar lá pessoalmente para conferir nossa reação.

a. Alguma vez você foi surpreendido por uma resposta muito maior à sua oração do que poderia ter imaginado? Dê um exemplo.
b. "Esperança", como usada no Novo Testamento, não é um pensamento desejoso, mas expectativa confiante. Não é desejo, mas dependência. Leia as seguintes passagens substituindo "esperança" por "expectativa confiante": Romanos 15.4; Tito 1.1-3; 3.3-8; Hebreus 6.13-20; 10.19-25; 11.1. De que modo essa substituição afeta o impacto dos versículos? A seu ver, em qual versículo isso acontece com maior intensidade?
c. O que você "espera confiantemente" de Deus? Para além do que diz a razão, de quais maneiras você depende absoluta e inquestionavelmente de Deus?

Capítulo dezessete

Instantes eternos

1. Um instante eterno. Um momento que lembra você dos tesouros ao seu redor. Sua casa. Sua paz de espírito. Sua saúde.

a. Descreva um "instante eterno" que você teve. Quais eram as circunstâncias? Qual foi o impacto?
b. De acordo com as seguintes passagens, quais são alguns dos tesouros que temos na terra: Salmos 127.3-5; 128; Provérbios 19.14; 31.10-12?
c. De acordo com os seguintes exemplos, enquanto Jesus estava na terra, o que ele fez para permanecer focado no que era importante: Mateus 14.22-23; Marcos 1.35; Lucas 5.15-16; 9.18?

d. De que modo nosso estilo de vida confronta os "instantes eternos"? O que poderíamos fazer a fim de criar mais oportunidade para esses momentos especiais? O que você poderia fazer esta semana com sua família — terrena ou espiritual — que o relembraria da bênção que é a família?

2. Os instantes eternos nos lembram de que o amor permanece sendo o maior bem e nada temos a temer em relação ao futuro.

a. Você concorda que o amor é o maior bem? Se sim, como você justificaria essa afirmação? Se não, qual é o maior bem?
b. O que faz o futuro parecer temeroso? Você espera que os próximos dez anos sejam mais difíceis que os dez últimos? Você espera a virada de ano com expectativa ou ansiedade?
c. Leia Salmos 103, 2Timóteo 2.11-13 e Hebreus 10.19-25. Quem é capaz de enfrentar o futuro com confiança?
d. De acordo com as seguintes passagens, por que podemos nos sentir seguros em relação ao futuro: Salmos 27.1-5; Salmos 121; Isaías 54.10?
e. Como você explicaria a um novo convertido o que se entende por "o perfeito amor expulsa o medo" (1Jo 4.18)?

Capítulo dezoito

O QUE VOCÊ VÊ?

1. Pessoas sedentas de popularidade, poder e prazer. O resultado é o mesmo: dolorosa insatisfação.

a. Que exemplos você pode dar de pessoas que procuraram popularidade, poder e prazer e só encontraram vazio e dor?
b. O que cada uma das seguintes pessoas perseguiu: Absalão (2Sm 15.1-17; 18.1-18); os líderes judeus (Jo 12.37-50); os coríntios (1Co 5; 6.9-20); Moisés (Hb 11.23-28)? Qual foi o resultado em cada caso?
c. Que conselhos de sabedoria Provérbios oferece nas seguintes passagens, no que diz respeito a popularidade, poder e prazer: 11.7; 13.20; 18.24; 19.6; 21.17; 21.22; 25.6-7; 25.27?
d. Que provérbio você escreveria referente à popularidade, poder ou prazer? Em contraste, o que lhe trouxe a maior satisfação na vida?

2. Destino? Amanhã? Verdade? São todas perguntas ao alcance do homem que conhece sua fonte.

a. Para a pessoa que conhece Jesus como sua fonte, quais são as respostas a perguntas como "Qual é meu destino?", "O que o amanhã reserva?" e "O que é a verdade?"?
b. Leia as seguintes passagens para conferir como Jesus respondeu a essas mesmas perguntas: destino (Mt 25.31-46); amanhã (Mt 6.25-34); verdade (Jo 3.3-21; 5.24-30; 6.53-58; 8.51; 14.12). Como você reescreveria a resposta dele a cada pergunta?
c. Que respostas a pessoa que não enxerga Jesus como sua fonte pode obter? Leia João 3.18-20 e 1João 5.10-12.
d. Como você conduziria alguém para enxergar Jesus como a fonte das perguntas da vida?

Capítulo dezenove

Ele esqueceu

1. Para todas as coisas que Deus faz, existe algo que ele se recusa a fazer.

   a. Que bem pode resultar da lembrança de nossos pecados? Em que momento se torna prejudicial lembrar-se de nossos pecados?
   b. A Bíblia utiliza diversas imagens para descrever o perdão de Deus para nossos pecados. Quais das seguintes passagens mais ajuda você a visualizar que Deus de fato esquece: Salmos 32.1; 103.12; Isaías 1.18; 43.25; 44.22?
   c. Leia Salmos 32, que é um salmo de louvor para o perdão de Deus. O que se pode aprender quanto ao efeito do pecado não confessado? E quanto à resposta de Deus ao coração penitente?
   d. Num pedaço de papel, escreva um pecado que você teve dificuldade de perdoar em si mesmo. Depois, apague seus escritos ou queime o papel. Quando você for tentado a revisitar esse pecado novamente, lembre-se de que ele foi destruído por Deus e por você.

2. Somos presunçosos não ao nos maravilhar com sua graça, mas ao rejeitá-la.

   a. Em sua opinião, por que as pessoas rejeitam a graça divina de perdoar pecados? Por que as pessoas continuam a se sentir culpadas mesmo após o perdão de Deus?
   b. Uma vez que estamos revestidos de Cristo, como podemos nos aproximar do trono de Deus em oração, de

acordo com as seguintes passagens: Efésios 3.8-12; Hebreus 4.14-16; 10.19-23?

c. Se de fato entendemos a graça de Deus por nós, qual deve ser nossa resposta natural, de acordo com Hebreus 10.24-25?
d. Com base na lição, de que você quer se lembrar melhor? O que você deseja esquecer mais facilmente?

Capítulo vinte

Encarando os fatos

1. Já percebeu os infindáveis extremos a que se chega para ocultar a realidade da vida?

a. O que você observa na sociedade quanto ao desejo de ocultar ou fugir da realidade da vida, como velhice, morte e o ego? Você percebe um aumento dessa tendência? Se sim, de que forma? A seu ver, qual realidade as pessoas têm mais dificuldade de encarar?
b. Qual a perspectiva de Deus sobre envelhecer, como visto nas seguintes passagens: Jó 12.12; Provérbios 16.31; Isaías 46.4; Tito 2.3-5?
c. Qual é a perspectiva de Deus sobre nós como sua criação, de acordo com as seguintes passagens: Salmos 8.3-8; 139.1-18?
d. Como os membros mais idosos são vistos em sua igreja? Que contribuições eles fazem para a igreja e a comunidade? Estão isolados do grupo principal dos membros

ou são participantes ativos e líderes nos programas da igreja? Que papéis vitais eles estão desempenhando?

2. Funerais, divórcios, doenças e internações no hospital — você não pode mentir a respeito da vida em momentos assim. Talvez seja por isso que ele está sempre presente em tais momentos.

a. Em face de uma enfermidade grave ou da morte de um ente querido, o que era importante para você? E o que não era importante? O que foi reconfortante? Que verdades sobre a vida lhe ficaram especialmente claras?
b. O que as seguintes passagens nos ensinam acerca da perspectiva de Deus sobre a morte: Salmos 116.15; Romanos 14.7-8; 1Coríntios 15.50-58; Apocalipse 14.13?
c. Qual passagem das Escrituras o conforta mais quando você reflete na realidade da morte?
d. O que você gostaria que dissessem a seu respeito no seu funeral?

Capítulo vinte e um

LUZ DO... ARMÁRIO DA DESPENSA?

1. "Eu não estou pronta", explicou a vela com olhos de súplica. "Preciso de mais preparo."

a. Quanto de preparo é necessário para sermos uma "luz" efetiva de Cristo? Quando é que pouco preparo é perigoso? De que modo o preparo excessivo é perigoso? Em que momento o desejo de se preparar mais torna-se uma desculpa para ocultarmos a luz?

b. O que podemos aprender com Atos 18.24-28, Hebreus 5.11—6.3 e Tiago 1.22-25 sobre equilibrar preparo com ação?
c. Em qual área você está mais bem preparado para servir? De que modo você poderia usar esse preparo mais plenamente?

2. A última vela tinha uma voz musical, muito agradável de ouvir. "Eu gostaria de ajudar", explicou ela. "Mas iluminar a escuridão não é meu dom."

a. Como podemos determinar quais são nossos dons?
b. O que 1Coríntios 12.1-11 e Romanos 12.3-8 revelam sobre dons espirituais?
c. Qual deveria ser nossa resposta quando solicitados a servir numa área que não consideramos nosso ponto forte? É sabedoria ou egoísmo não servir em áreas para as quais não acreditamos ser "dotados"? Por quê?

3. "Onde você comprou aquelas velas, aliás?" "Ah, elas são da igreja. Lembra-se da igreja que fechou as portas no outro lado da cidade? Eu as comprei lá."

a. Qual o significado da história de Max sobre as velas? Ele está apontando para quais problemas da igreja? Em que medida você vê esses problemas ocorrendo entre os cristãos?

Capítulo vinte e dois

Ambição cega

1. A ambição é aquela semente na alma que gera desencanto com o que é comum e implanta a ousadia nos sonhos.

a. Para você, que pessoa histórica ou contemporânea melhor exemplifica a ambição positiva — alguém que ousou sonhar?
b. Veja os seguintes exemplos de pessoas que ousaram sonhar: Josué (Nm 13.1—14.9; 27.12-23); Davi (1Sm 17.1-54) e a mulher cananeia (Mt 15.21-28). Em cada caso, por que você acredita que eles tiveram êxito na realização de seus sonhos?
c. Qual é sua maior ambição neste momento de sua vida? O que motiva essa ambição?

2. A ambição cega é um enorme passo para longe de Deus e um passo para mais perto da catástrofe.

a. Que exemplos modernos de ambição cega você pode oferecer, inclusive no interior das igrejas? Como podemos distinguir um desejo sincero de ser um líder na igreja e a ambição cega?
b. Há diversos exemplos de homens na Bíblia que desejavam "construir" para o Senhor — os homens em Babel (Gn 11.1-9), Davi (2Sm 7) e Pedro (Mt 17.1-8). Em cada caso, por que Deus frustrou seus planos?
c. De que modo Salmos 127.1 se relaciona com esses exemplos?
d. Que perguntas você faria a si mesmo para checar se suas ambições são motivadas pela razão correta?

Capítulo vinte e três

Alertas

1. Os alertas podem ser tão contundentes quanto uma marreta e, ainda assim, viramos a cabeça e saímos assobiando.

a. Dê um exemplo de uma ocasião em que você ignorou um alerta e pagou o preço por isso.
b. Além das passagens mencionadas por Max, que alertas Provérbios oferece sobre preguiça (10.4-5; 12.11,24); mesquinhez (11.24-26,28; 19.17); autocontrole (12.16, 23; 20.25; 21.23)?
c. Analisando o livro de Provérbios, que outros alertas são mencionados com frequência?
d. Existem alertas de luzes que você tem ignorado? Alertas sobre sua saúde? Sobre seus relacionamentos com a família e os amigos? Sobre seu relacionamento com Deus?
e. Se você fosse escrever um alerta para as pessoas hoje, sobre o que iria alertá-las?

2. Muitas vezes ficamos surpresos com os percalços da vida, mas, quando pressionados contra a parede da honestidade, temos de admitir que [...] poderíamos evitar muitos problemas.

a. Você concorda que poderíamos evitar muitos dos contratempos em nossa vida? Que tipos de infortúnio são evitáveis? Por que somos tão relutantes em admitir que existem sinais de alerta?
b. Talvez um dos exemplos mais conhecidos de alguém ignorando um alerta seja a história de Pedro negando Jesus. Leia o relato em Mateus 26.31-46,69-75, ou em algum dos outros evangelhos. Como Pedro reagiu ao alerta de Jesus? Por quê? O que o fez negar Jesus mesmo após ser alertado?
c. Que lições podemos aprender com a experiência de Pedro que nos ajudaria a dar mais atenção aos alertas recebidos?

Capítulo vinte e quatro

Dia dos Pais: um tributo

1. Parece estranho ele não estar aqui. Acho que é porque ele nunca esteve longe. Sempre esteve por perto. Sempre disponível.

   a. Que imagens vêm à mente quando você pensa em seu pai? Que palavras você usaria para descrevê-lo como pai?
   b. Que papel designado por Deus espera-se que os pais desempenhem na vida de seus filhos? O que as seguintes passagens revelam: Deuteronômio 6.4-9; Salmos 78.1-8; Provérbios 3.11-12; 13.24; 22.6; Efésios 6.4; 1Timóteo 3.1-5; 5.8?
   c. A fim de cumprir essas responsabilidades, quais seriam os três fatores mais cruciais?
   d. Que influências positivas seu pai teve em sua vida? Se ele ainda estiver vivo, como você poderia expressar seu apreço por ele? Do contrário, a quem você poderia passar adiante essas bênçãos?

2. Ele continua — de maneira tão especial — muito presente.

   a. Se você perdeu um pai ou outro membro próximo da família, de que modo essa pessoa ainda se encontra bastante presente com você?
   b. O que sua família faz para manter viva a memória de um ente querido? O que torna essas lembranças alegres, e não tristes?
   c. Em sua opinião, por que Deus se descreve como nosso pai? Que características paternas você pode encontrar

nas seguintes passagens: Isaías 64.8; Mateus 7.11; 10.29-31; 2Tessalonicenses 2.16-17?

d. De que modo sua fé afeta sua aceitação da morte de um ente querido?

Capítulo vinte e cinco

Carro família da fé

1. A confiabilidade é a qualidade que produz não heróis momentâneos, mas vidas monumentais.

   a. O que tem mais apelo para nós — sermos considerados heroicos ou confiáveis? Por quê? Em que medida o cristianismo nos chama a ser heroicos? Em que medida o cristianismo nos chama a ser confiáveis?
   b. Embora pouca seja dito sobre André, o que você aprende com ele em cada uma das seguintes ocasiões: João 1.35-42; 6.1-11; 12.20-22?
   c. Ana é mencionada apenas em Lucas 2.36-38. Contudo, esses versículos resumem oito anos de sua vida. Em quais sentidos ela foi admiravelmente confiável?
   d. Como você classificaria sua confiabilidade? Você é confiável em levar pessoas para Cristo, como André? Você é confiável na oração, como Ana?

2. Fico imaginando se este livro caiu nas mãos de santos fidedignos contemporâneos. Se for o caso, não posso resistir à oportunidade de dizer duas coisas. A primeira? Obrigado.

   a. Em sua igreja, quais exemplos você encontra de pessoas que são modelos de confiabilidade em seu serviço para Deus? Onde o trabalho deles é normalmente feito —

"no palco" ou "nos bastidores"? Como a confiabilidade deles afeta vidas?

b. Outra palavra para "confiável" pode ser "fiel". De que modo Mateus 24.45-51 descreve os servos fiéis e infiéis? Qual será o fim deles?
c. A fidelidade de Deus é um tema familiar ao longo de toda a Bíblia. Leia Salmos 117. De que maneira Deus será fiel para sempre?
d. O que você poderia fazer para agradecer aos "carros família" ou homenageá-los em sua igreja e encorajar outras pessoas a serem ainda mais confiáveis?

Capítulo vinte e seis

INSULTOS INSENSÍVEIS

1. Se alguém fere seus sentimentos de forma intencional, você sabe como reagir. Você conhece a fonte da dor. Mas, se alguém fere sua alma acidentalmente, é difícil saber qual reação tomar.

a. Como você reage se alguém ataca você, sua família ou seus amigos de forma intencional? Como reage se alguém o magoa acidentalmente? Você guarda a ofensa ou a ignora? É capaz de descartá-la ou a dor perdura?
b. Que conselhos de sabedoria os seguintes versículos oferecem no que diz respeito a responder a insultos, intencionais ou não: Provérbios 19.11; Eclesiastes 7.21-22; Lucas 11.4; 17.3-4; 1Coríntios 4.12-13?
c. Em que medida é importante que o ofensor peça perdão? Como devemos responder se ele pedir perdão? E se ele não pedir?

2. Quem se atreve a chamar a si mesmo de embaixador de Deus não possui o luxo de usar palavras indolentes.

a. Dê o exemplo de uma ocasião em que você magoou alguém acidentalmente devido a algo que disse.
b. Leia Mateus 12.33-37. O que se entende por "palavra inútil"? O que essa passagem pretende dizer?
c. Leia Provérbios 10. Que contrastes há entre as palavras do perverso e as palavras do justo?
d. Qual é o melhor conselho que você pode dar acerca de usar as palavras para a glória de Deus?

Capítulo vinte e sete

Uma canção no escuro

1. Os transeuntes tinham reações diversas. Alguns ficavam curiosos e olhavam sem pudor. Outros ficavam incomodados. [...] A maioria, contudo, nem o percebia.

a. Em qual categoria você se encaixa? Quando confrontado com alguém como o mendigo cego, você fica curioso, desconfortável, ou geralmente ignora? Por quê?
b. Você é relutante em se envolver, se aproximar das pessoas? Explique sua resposta.
c. Qual foi a resposta de Jesus toda vez que tentaram "protegê-lo" de pessoas em necessidade? Como ele respondeu ao cego (Mc 10.46-52); às crianças (Mc 10.13-16); à mulher cananeia (Mt 15.21-28); a Lázaro (Jo 11.1-16)? Por que os seguidores de Jesus tentaram manter essas pessoas longe dele?
d. O que pode ser feito individualmente e como igreja para não ignorarmos os necessitados?

2. Alguém lhe dissera, ou talvez ele disse a si mesmo, que a alegria de amanhã é gerada pela aceitação do hoje. Aceitação daquilo que, pelo menos durante o momento, não se pode alterar.

a. Onde se encontra o equilíbrio correto entre aceitar circunstâncias difíceis e esforçar-se para melhorá-las?
b. Um exemplo notável na Bíblia de uma pessoa aceitando o que ela não poderia mudar foi Paulo. Leia 2Coríntios 12.7-10. Por que Paulo tinha um espinho na carne? Com que facilidade ele o aceitou? Como ele o usou para o bem?
c. Paulo escreveu para os filipenses aparentemente após ter recebido o espinho na carne. O que aprendemos com Filipenses 4.10-13 sobre sua atitude de aceitação? O que tornava Paulo capaz de aceitar a adversidade?
d. O que Filipenses 4.4-9 nos ensina sobre como encontrar alegria mesmo em circunstâncias difíceis?

Capítulo vinte e oito

No lodo do Jaboque

1. A melhor maneira de lidar com nosso passado é apertar o cinto, arregaçar as mangas e olhá-lo nos olhos.

a. O que acontece quando tentamos ignorar o passado? O que Max quer dizer com "olhá-lo nos olhos"? De que modo isso difere de viver no passado?
b. Leia Gênesis 32.1—33.3. Por que Jacó tinha medo de reencontrar Esaú? Como Jacó encarou a situação?

c. De que modo podemos lutar com Deus ao lidar com nosso passado? Da mesma forma, de que modo poderíamos sair mancando dessa luta?

2. E, para você que se pergunta se já brincou tempo demais para mudar, aproprie-se da coragem do legado de Jacó. Homem nenhum é ruim demais para Deus.

a. Você já conversou com alguém que acreditava ter levado uma vida ruim demais para ser aceita por Deus? O que você disse a essa pessoa?
b. Para obter um retrato de Jacó, o mestre da trapaça, leia Gênesis 27. Que traços de caráter ele exibe?
c. Contudo, no final da vida, que promessa Deus faz a Jacó em Gênesis 46.2-4? Que bênçãos vieram através dos descendentes de Jacó?
d. Que passagens você recomendaria a alguém que está lutando contra a capacidade e disposição divina de perdoar? Confira Isaías 55.6-7, 1Timóteo 1.13-16 e 1João 2.1-2.
e. Leia Salmos 78, que descreve o relacionamento de Israel com Deus. Quantos exemplos da provisão de Deus por Israel aparecem ali, a despeito da rejeição do povo? Numa frase, qual é a mensagem desse salmo?

Capítulo vinte e nove

Uma enforcada de leve

1. Seu propósito é mortal. Seu objetivo é nada menos que tomar o que é mais precioso para nós e fazê-lo parecer mais comum.

a. Que coisas negligenciamos com mais facilidade? Cônjuge? Filhos? Saúde? O amor de Deus? Nossa vida? O futuro? Nossa salvação?
b. Aqueles que cresceram crendo em Deus são os que correm maior risco de negligenciar sua salvação? Em sua experiência, quem parece ser mais suscetível a se tornar apático?
c. O que acontece quando negligenciamos nossa salvação e nos tornamos medíocres? Que alerta foi dado à igreja de Éfeso que havia perdido seu amor original por Cristo (Ap 2.2-5)? Que alerta foi dado à igreja de Laodiceia por ser morna (Ap 3.14-22)?
d. Como evitamos negligenciar aquilo que é precioso? Como fez Max com a fotografia de Jenna em sua mesa, que lembrete do "precioso" você poderia colocar a sua frente?

2. A banqueta foi chutada de debaixo de meus pés, e a corda apertou meu pescoço justamente o tempo necessário para me fazer lembrar o que realmente importa. Foi um tapa divino, uma pancada graciosa na cabeça, uma misericórdia severa.

a. O que se entende por "misericórdia severa"? Você já experimentou uma "misericórdia severa", um "tapa divino"? O que aconteceu? Como isso transformou você?
b. Em cada um dos seguintes casos, como as pessoas receberam um "tapa divino": Jonas (Jn 1—4); Zacarias (Lc 1.5-25,57-80); Paulo (2Co 12.7-10)? Que benefício resultou de cada caso?
c. De que forma podemos encarar as dificuldades como misericórdias severas, em vez de deixar as dificuldades nos derrotarem?

Capítulo trinta

CARMELITA

1. Nós também somos órfãos assustados. E também fomos resgatados por um visitante compassivo, um pai generoso que nos ofereceu um lar e um nome.

   a. De que modo a declaração acima descreve o que Deus fez por nós?
   b. A que nosso relacionamento com Deus e Jesus é comparado em cada uma das seguintes passagens: Salmos 95.6-7; Isaías 64.8; João 13.35; Romanos 6.22; 1Pedro 2.16? Que diferentes aspectos do relacionamento cada comparação aponta?
   c. Como as seguintes passagens descrevem nosso relacionamento com Deus e com Jesus: Mateus 7.7-12; Romanos 8.6-17; 1João 2.28—3.10? O que há de singular em sermos filhos de Deus? O que há de significativo na frase "*Aba*, Pai", em Romanos 8.15?
   d. Em João 14.15-21, o próprio Jesus disse que não nos deixaria órfãos. O que ele prometeu àqueles que o amam?
   e. É difícil imaginar ter o Deus do universo como seu pai? Em que ocasião você se sente mais próximo de seu pai celestial?

2. Também deveríamos ficar na companhia silenciosa daquele que nos salvou, e derramar lágrimas de gratidão, e oferecer palavras de agradecimento. Pois não foi nosso corpo que ele resgatou, mas nossa alma.

   a. Você já testemunhou um resgate dramático? Como você se sentiu?

b. De acordo com Salmos 72.12-14, Romanos 7.24-25, Colossenses 1.13-14 e Tito 3.3-8, de que coisas Deus nos resgatou? Como nos sentimos ao tomarmos consciência do destino do qual nós fomos resgatados? Compare a intensidade de nossas emoções num resgate físico com as emoções causadas em um resgate espiritual.
c. Leia Salmos 8 e Apocalipse 7.9-17. Quais emoções são captadas? Passe um mês lendo Salmos para focar-se na gratidão e louvor por sua salvação.

Capítulo trinta e um

Avistando o topo

1. O cristianismo, em sua pura forma, nada mais é que ver Jesus.

   a. O que nos impede de ver Jesus? Será que não estamos olhando? Em que sentido ele é demasiadamente obscuro? Em que sentido ele pode ser excessivamente familiar?
   b. Que promessa é dada àqueles que o buscam verdadeiramente? Veja Isaías 55.6-7; Mateus 7.7-8; Hebreus 11.6.
   c. Este livro *Deus está aqui* ajudou você a enxergar Jesus mais claramente? Se sim, como? Que novas impressões você leva consigo?

2. O serviço cristão, em sua pura forma, nada mais é que imitar quem vemos.

   a. Se você pudesse fazer somente uma coisa para imitar Cristo, o que escolheria para melhor descrever Jesus àqueles que não o conhecem?

b. De acordo com Efésios 5.1-2, o que caracteriza aqueles que imitam Cristo? Olhando no contexto maior de Efésios 4.17—5.21, o que mais será verdade para aqueles que imitam Cristo?
c. Em qual área de sua vida você poderia trabalhar nesta semana para imitar Cristo?

"Ver sua majestade e imitá-lo: tal é a essência do cristianismo." Que este livro e este estudo bíblico tenham ajudado você a ver sua majestade mais claramente e a imitá-lo mais plenamente.

Conheça outras obras de

Max Lucado

- A árvore dentro da semente
- A história de Deus e a sua história
- Bom dia - Leituras diárias com Max Lucado
- Deus está com você
- Deus está no controle
- Na jornada com Cristo
- Seu nome é Jesus
- Seu nome é amor
- Seus pecados estão perdoados

Coleção lições de vida

- O evangelho de João
- O evangelho de Lucas
- O evangelho de Marcos
- O evangelho de Mateus
- Atos
- Romanos
- 1Coríntios
- 2Coríntios
- Gálatas
- Efésios
- Filipenses
- Colossenses & Filemom
- 1 e 2Tessalonicenses (Janeiro/2015)
- 1 e 2Timóteo & Tito (Janeiro/2015)
- Hebreus (Janeiro/2015)
- Tiago (Janeiro/2015)

Compartilhe suas impressões de leitura escrevendo para:
opiniao-do-leitor@mundocristao.com.br
Acesse nosso *site*: www.mundocristao.com.br

Diagramação: Triall Composição Editorial Ltda.
Revisão: Josemar de Souza Pinto
Gráfica: Assahi
Fonte: ACaslon Regular
Papel: Lux Cream 70 g/m^2 (miolo)
Cartão 250 g/m^2 (capa)